U0501246

短线交易技术：
外汇短线博弈精讲

陈不同 著

地震出版社
Seismological Press

图书在版编目（CIP）数据

短线交易技术：外汇短线博弈精讲／陈不同
著 . —北京：地震出版社，2021.4
ISBN 978 - 7 - 5028 - 5203 - 0

Ⅰ.①短…　Ⅱ.①陈…　Ⅲ.①外汇交易 – 基本知识
Ⅳ.①F830.92

中国版本图书馆 CIP 数据核字（2020）第 170179 号

地震版　XM4618／F(6013)

短线交易技术：外汇短线博弈精讲
陈不同　著
责任编辑：范静泊
责任校对：凌　樱

出版发行：**地 震 出 版 社**
　　　　　北京市海淀区民族大学南路 9 号　　　　　邮编：100081
　　　　　发行部：68423031　68467991　　　　　传真：68467991
　　　　　总编室：68462709　68423029　　　　　传真：68455221
　　　　　证券图书事业部：68426052
　　　　　http：//seismologicalpress.com
　　　　　E-mail：zqbj68426052@163.com
经销：全国各地新华书店
印刷：北京盛彩捷印刷有限公司

版（印）次：2021 年 4 月第一版　2021 年 4 月第一次印刷
开本：710×1000　1/16
字数：215 千字
印张：13.5
书号：ISBN 978 - 7 - 5028 - 5203 - 0
定价：50.00 元

序

交易中，越是短线，你离理论越远，离市场真相越近。本书把"为什么"留给象牙塔里的理论家和从不做交易的分析师，而我们则以交易为生——在这里，"我们"是指在日内框架下的短周期里从事交易的志同道合者。

我喜欢这么一个比喻：看市场就像站在远处看一棵树，在 200 米的地方，你看那棵树，它就是一个模糊的三角形几何轮廓；走近 100 米看那棵树，你能隐约地看清楚树的主干和树杈；站到树下时，你会惊讶地发现每根树枝都朝向阳光向无限的天空伸展，每两片树叶也都不一样！

我们置身其中的金融丛林乃是由类似的混沌和分形构成的。"均衡"和"理性人"的概念都是幻觉。醉汉似的随机游走和无法预测的蝴蝶效应才是市场价格的常态或唯一的市场真相。既然如此，没有绝对，没有完美，没有圣杯，也没有水晶球，作为人而非神的交易者，唯一的救赎只能求诸自身。

交易是伟大的，又是卑微的；是简单纯粹的，又是高度复杂的；不仅如此，在我看来，每一次真正成功的交易都是一种创造，一种对生命价值的填充，一种超越现实的澄明。

陈不同
于杭州小和山
2020 年 8 月 6 日

目 录

第1章

何谓外汇在线即市交易

个人外汇在线即市交易现在很热门，但它不是免费午餐。外汇交易市场是当今世界最大、交易最活跃的金融市场，每日有近6万亿美元的巨额成交量，它是一个24小时连续交易的全球性市场，电子化交易使外汇交易者的下单速度最快能达到百万分之一的纳秒级，并且所有报价直通国际银行间市场。外汇交易免佣金、无监管、开户门槛低、即时成交率极高，这些竞争优势吸引了全球众多个人投资者的眼球，令他们趋之若鹜，成为外汇在线即市交易者。然而，揭开外汇市场诱人的面纱，其背后是一个复杂性远远超出我们理解能力的全球电子网络，充满种种现实的和潜在的风险；外汇交易也不像"热心的"经纪商所鼓吹的是一场公平、公正、透明的概率游戏，事实上，它是一场不公平的零和博弈。

大多数个人交易者轻视了外汇交易的难度系数。外汇即市交易是典型的短线或超短线交易，所以也就需要更加专业的技能和娴熟的实操技巧。20世纪80年代之前，这种交易只是局限于做市商银行交易员之间的交易，俗称"抢帽子"或"刮头皮"。场外现货交易的短线技巧大多源自场内交易员群体，个体交易者多数是以在线即市交易的方式参与外汇市场场外现货交易的，其难度可想而知。

不过，外汇即市交易的好处也很多，只一张走势图，没有花哨的指标，只需点击一次鼠标就可以入场或出场，一切都给你预先设置好了；在一个连续交易、日成交量高达6万亿美元的全球市场中，机会无处不在。外汇交易的灵活性和高杠杆允许我们的账户资金爆炸式增长，这是其他交易所不具备的。一个有自我约束能力的外汇交易新手，只要每天坚持用于交易的资金不超出本金总额的1%，每次买一份0.1单位的迷你型合约，每次交易的止损额不超过 10 个点，连续交易 3 至 6 个月，不出意外的话，账户金额必定翻番，甚至更多。

一、外汇在线即市交易

我国对外汇在线即市交易还没有一个明确的定义。"外汇"是俗称，它是指某国发行的法定货币，或该货币兑换美元的比率（称之为"汇率"）。准确地说，我们只是交易"汇率"，问题是，迄今为止还没有一个成熟的经济学理论模型来给"货币"和"汇率"准确定价，我们看到的"汇率"，更多地体现了政府的干预和市场的躁动，一个简单的事实就是，汇率走势往往和基本面信息相悖。影响"货币"或"汇率"的因素多不胜数，因此，哪怕是交易了半个世纪的外汇专家也坦言，交易外汇就是在交易噪声或者说不确定性。

"在线"是指交易环境的变化。和 20 世纪八九十年代相比，外汇市场的交易环境已天翻地覆。它已不仅是银行间市场或银行交易员群体间的对赌游戏，曾被拒之门外的非银行金融机构、各类企业和不计其数的个人交易者也已成为举足轻重的市场参与者。技术进步使在线即市交易方兴未艾，其主要特征就是以日内交易为主的直通式电子化交易。这种交易能够迅速流行与当今金融市场快节奏的交易氛围占据压倒性地位的历史潮流是分不开的。

经济全球化和技术进步，使今天的外汇交易经纪商能够向个人交易者提供高质量的一站式外汇交易服务，包括提供直接接入国际银行间报价平台（如 STP① 外汇交易平台）的交易便利。这使得原本无法涉足于外汇交易的零售客户非常方便地成为外汇市场的参与者，并可以随时随地轻松地敲击键盘以进行原本只有货币中心银行才可以做的外汇交易。外汇市场因此显得更加分散化、扁平化和亲民化。

"即市"就是"即期"，是指银行间或个人交易者和银行在交易日内完成货币交易的报价和成交，两天后自动清算。也就是说，平仓出来的钱只有两天后才能提现或流通。"即市"也可以指外汇交易标的与日内策略，

---

① STP，指数据的直通式处理。

如场外现货拍卖，实时成交，当天结束交易。

外汇在线即市交易是多种外汇交易形式中的一种，银行间还有期权交易以及远期互换，它们不在交易所交易，所以都是场外交易。我们主要讨论零售客户的场外交易，其要点有三：第一，利用做市商银行的报价进行货币对汇率的现货交易，这与交易传统场内的金融产品迥然不同；第二，进入门槛和交易成本都很低，不用中间商，交易者通过敲击键盘就能独立完成交易；第三，这种交易属于短线或超短线交易，属于一种最难把握的短线博弈，更需要专业性技能。

做市商银行和大型机构等占外汇市场现货交易的25%。现在，外汇做市商的交易员除了量身定制的大额交易外，一般都采用平台报价加自动化高频交易来完成交易，成交的速度最高可以达到百万分之一纳秒，在数百毫秒（一秒等于1000毫秒）之内就可以完成一次策略性交易，即使操纵汇价，你也很难发现。可见，小型机构和个人交易者大多数不具备、也不可能具备昂贵的基础设施和雄厚的资金实力，正因为如此，在场外现货交易中，个人交易者始终处于下风。

"交易"是本书要讨论的核心。外汇在线即市个人交易者是地道的短线炒家，他们不愿承担过高的风险，未必会对来自基本面的信息感兴趣，也未必会对当下的市场走势形成自己的看法。他们信奉价格是王道，针对即市价格的变化顺势而为，辅以短线博反弹，在高频次进出中赚取微利，积少成多。

这种交易的主策略就是日内交易策略。这与其他金融产品的短线交易没有太大的不同。在绝大多数情况下，外汇日内交易者以1分钟、3分钟、5分钟、15分钟、30分钟、1小时、4小时、1天为交易周期，不持仓过夜，从而通过自己的交易系统，融合经验、技巧和直觉进行快思维的博弈。

外汇在线即市交易"非常完美"地迎合了个人投资者的投机需求。它对开户的资金要求极低，低至100美金就可以开户；对交易者的技能要求更是零，硬件需求就是一台电脑甚至一部手机就可以。如一切顺利，最快一两个小时就能完成开户，进行交易。而就国内现有的情况看，A股单边市场缺陷、外汇期货缺位、外汇期权或远期仍拒个人交易者于门外等现状，使外汇即市交易市场轻易地吸引了众多的个体交易者。同时，这也是个体交易者一种一厢情愿的"货币幻觉"，他们不具备短线炒作或场外交易的知识、技能和充裕的资金，也没有企业那种对冲外汇风险、进行套保或套利的需求，追求的就是单边投机获利。一旦在经纪商平台上开了户，个体外汇交易者似乎就感到自己已与银行、机构、企业站在同一起跑线上同台竞技了，所以，这种表面上低门槛、亲民化的交易必然成为个体交易者的最爱。

二、外汇在线即市交易的优势

平心而论，对个体交易者来说，外汇即市交易的确不失为一种理想的投资工具。与传统的股票、债券、商品期货、房地产、私募基金、艺术品的投资交易相比，外汇在线即市交易至少有以下竞争优势：

第一，外汇市场是所有市场中流动性最强的市场。高杠杆保证金制度（一般可以达到 50 至 200 倍的杠杆，也可以自定义）的引入以及个体交易者的广泛参与，使得该市场的日交易量已近 6 万亿美元，相当于华尔街一个月的交易量。高成交量意味着高活跃性及低交易成本。外汇场外现货交易市场没有集中的交易场所，市场的驱动力或者说流动性是由全球数百家做市商银行的交易员"背靠背"的竞争性报价提供的，所以同一时点有多个报价。做市商之间的这种竞争防止了价格垄断或价格操纵，如果某个做市商想大幅扭曲价格，交易者就会去选择另一个做市商交易。这种做法也容易受到同级别做市商攻击。多个全球化平台报价使点差受到交易者的密切关注，使做市商、经纪商不敢随意扩大点差，改变交易成本。股票市场就不一样，它是一个集中化的市场，统一的交易场所，统一的报价系统，集中交易，这样就容易产生价格操纵。

技术进步打破了过去外汇交易终端用户和银行同业市场之间的壁垒，个人在线参与外汇交易使外汇市场结构发生了巨大变革，它以高效、低成本的电子化交易方式，把做市商、经纪商和其他市场参与者直接联系了起来，个人交易者已成为外汇交易市场的重要组成部分，对市场的影响力越来越大。

第二，外汇的交易标的集中，行情容易把握，这有利于提高交易的成功率。世界证券市场有数以万计的各种各样的证券，但外汇市场可交易的、活跃的主盘货币仅有7种：美元、欧元、日元、英镑、瑞郎及两种"商品货币"——加元和澳元。主盘货币所代表的国家有声誉良好的中央银行、稳定的政局及相对较低的通货膨胀率。这些货币以美元为基准货币，所有主盘货币兑美元的汇率都呈负相关，行情相对容易把握。

第三，外汇市场的价格以货币对汇率的形式实时浮动并在全球范围内24小时连续交易，价格相对透明、公正。除了星期六、星期日以及各国的重大节日，外汇市场昼夜不停地交易。与本土为中心的证券市场不同，全球外汇交易没有因地理位置不同产生的时差障碍，亚洲市场、欧洲市场、美洲市场这三大市场，形成一个24小时由场内、场外两个系统同时连续交易的全球市场，没有法定的开、闭市时间；在各国际金融中心短暂集中清算时没有交易，这就使得所有货币对汇率能够随着各国、各地区政经形势、央行新闻发布、各国经济数据公布及市场供需关系的变化而变化。当一些地区的交易者夜间减少外汇交易活动时，另一些地区的交易者则在频繁交易（白昼）。外汇价格的连续性和透明度吸引了世界各地的交易者争相交易。

第四，外汇场外市场是一个约定俗成、高度分散化的市场。西方国家的金融业基本上有两套系统同时运营，即集中竞价撮合买卖的垂直操作系统和没有统一固定场所的扁平的行商网络系统。股票是通过交易所集合竞价、以统一价格买卖的，像纽交所、伦交所、东京证交所，分别是美国、英国、日本股票的主要交易场所。法定的集中竞价拍卖系统对金融产品的报价、交易时间和收盘清算程序都有统一的规定，并有同业协会制定同业守则供大家遵守；投资者则通过经纪公司买卖所需的金融产品，这就是"有市有场"。而外汇场外现货市场则是通过全球大约200家做市商银行的外汇交易员群体持续提供买卖双向报价来驱动的。所有的报价集中在数个全球最大的外汇交易平台上，经平台自动撮合成交。所以，外汇交易市场"有市无场"，只是一个松散、高效、无中央清算系统管制、不用政府监督即可完成交易清算和资金转移、以信用为基础、用约定俗成的方式和先进的信息系统联系在一起的极其复杂的行商系统。外汇报价的多样性说明外汇市场的价格发现机制更强，交易透明度更高。

第五，外汇交易近似零和博弈（实际上交易成本使所有交易市场本质上都是负和博弈），这在一定程度上也体现了交易的公平、公正。在股票市场上，单只股票或股指的上升或下降意味着该股票价值或整体市场价值的上升或下降，然而，外汇市场上的汇价波动所表示的价值变化和股票价值的变化完全不同。汇率是指两国货币的交换比率，汇率的变化是一种货币价值的减少对应另一种货币价值的相对增加。比如，22 年前，1 美元兑换约 360 日元，而现在 1 美元兑换约 120 日元，这说明美元贬值、日元升值。具体到交易上，你的投机盈利必定是对手的投机亏损，反之亦然。如果出现政府干预汇率，就意味着政府承担了亏损或盈利，而外汇市场其他参与者的综合结果则正好相反。

第六，外汇交易的高质量服务体现为稳定报价和即时成交。凭借技术的进步，今天的外汇交易商或经纪商能够提供的高质量交易服务在 30 年前是不可想象的。如今的外汇交易商已经有能力向交易者提供一站式服务，包括提供直通国际银行间报价系统的直接接入式交易平台、最小五位数的点差、次秒的速度、随时随地即时成交。而在股票和商品期货交易中，能否即时成交要视该时点上的流动性，因为所有的下单都要通过交易所的集中撮合才能完成，交易所对很多品种都有仓位和涨跌停板的规定，限制了在同一价位的交易人数、资金流动及总成交量。

第七，交易股票要付佣金和印花税。交易商品期货除了作为直接成本的买卖价差之外，还要付昂贵的手续费，而这些对外汇交易来说大部分都不存在，至少理论上是这样，外汇交易免佣金、免税，清算和资金流转不受政府监管；外汇在线即市交易不需要中间环节。

一般来说，在政策允许的范围内，外汇交易账户上的小额资金跨境进出不存在障碍，而这在国内的股票、期货及债券市场是不可想象的。

三、谁是最大的玩家？

现在，普通的外汇在线即市交易者可以与世界最强大的银行一起，以相差无几的价格和执行速度参与交易。过去被大玩家控制和支配的概率游戏正在慢慢变成一个可以在公平竞争的竞技场中平等参与的游戏，老练的个人交易者可以像大银行一样，利用相同的机会从中获利，外汇市场不再是大玩家的俱乐部。但是，这仅仅是表面现象——电子化交易给应对价格操纵带来了新的挑战，如高频交易等，在后面的相关讨论中，我们会揭露这些真相。

与传统金融产品的交易相比，外汇即市交易拥有上述优势是能否真正给个人交易者带来了更大的胜算？非常不幸，回答是否定的。"理想的选择"不等于一定赚钱。一个明确而残酷的事实就是，全球200多家做市商银行每年的外汇交易利润占其总盈利额的10%~20%，与之对应，90%以上的个人外汇交易者都是亏损的。也就是说，大多数情况下，你亏的钱都跑到大银行和大机构的账户上去了。

统计数据还表明，即使是机构交易者，长期内交易外汇的平均年化收益只有3%，大大低于7%的债券收益率。机构尚且如此，那么对无论是资金、人脉、信息及信息到达的时间、基础设施等方面都无法相提并论的散户来说，其处境可想而知。

金融市场信奉丛林法则，是一个多维的生态链，外汇市场中的银行和大型机构能够利用它们的资金优势、信息制造优势，在短、中、长线的三个时间纬度对价格形成干预和操控。它们会利用自身所有资源形成的综合实力猎杀级别比它们低的交易者，如果你相信技术分析，就做K线骗你；如果你相信基本分析，就出行业研究报告误导你；自己先买后唱多，先卖后唱空；想买时唱空，想卖时唱多。这些让人防不胜防的种种陷阱、猎杀技巧就是生存之术，谋生之道。电子化交易并没有改变外汇市场本质上依旧是一个等级森严的金字塔结构。市场结构的本身就决定了这场游戏不可能是完全公平的零和博弈，即使是在这条食物链顶端的政府，干预外汇市场从来不会考虑个人外汇投机者的输赢和亏损。

从场外交易量来看，全球200多家做市商银行的外汇交易员群体构成了市场主力。他们是外汇市场的最大玩家。他们只对自己感兴趣的宏观经济数据和信息作出反应，只在七八种成熟市场的货币上进行大量交易。他们通过全球电子经纪服务商系统EBS和路透集团推出的电子经纪系统D200-1平台互相直接报价交易。他们在第一时间看到每个银行的报价，也可以彼此对特定报价进行建立在信用基础上的在线大额交易。由于没有这种特定的信用联系，即使是大型外汇在线交易经纪商、大型机构和对冲基金，也必须通过这些货币中心银行才能进行特定的大额外汇交易。

大型对冲基金和投资银行经常就货币之间的利差进行大规模的套利豪赌，豪赌的形式有做市报价、场外交易、高频交易；也有大机构之间算法交易的互博。尽管个人投资者与此无缘，但大规模的操纵性交易会在短时内影响你的订单的成交率和成功率。银行对外汇交易员的隔夜头寸都有限制，某个大银行的外汇交易员在每天收盘前半小时有意、无意的大额平仓都会引发行情的短时波动。总之，外汇市场的参与者按照不同的等级关系组织起来，那些拥有更优良信贷资质、更大的交易量和更老练的参与者，可以从市场获得优先权。

此外，从根本上说，投机活动首先是受到资金的限制。在所有的市场参与者中，个人交易者最脆弱，因为他们最输不起。而他们的交易对手所具备的实力不知道要超过他们多少倍。银行的外汇交易员拥有巨额自有资金，资金雄厚就能储备大量头寸，从而制造机会，投机获利。就国内来说，四大银行的外汇交易员其实就是在用财政部的钱进行投机交易；大型国有企业的外汇交易员用的是公司的自有资金或从股民手里圈来的钱；只有个人交易者才是真正自掏腰包来参与这场高风险的金融博弈的，而且可以断定，80%以上的散户其账户资金不会超过1万美元。

中长线策略只属于外汇交易生态链上顶部层次的参与者，即机构投资者和有实力的大户，他们能够承受较大的风险。资金实力允许他们能够模仿做市商的交易策略和方法，并且在很大程度上能够依据基本面分析来做交易，但是他们往往因缺乏高端专业技术人才而做得不尽人意。那些缺乏资金、资源和技能的散户只能面对更为随机、混沌的短线行情进行交易，别无选择，决定性的原因之一就是个人账户上的资金或许只能抵挡十个、几十个、上百个点的上下波动。没有认真准备，就贸然拿2000美元去开户交易，遇到坏运气，短短几天就可能被市场"扫地出门"。当然，你也可能会遇上好运气，但这也不能保证你一定能赚钱，因为成功的交易除需要足够的资金以外，还需要丰富的经验、专业的技能和成熟的交易心理，而个人交易者往往缺乏和根本不具备这些条件。所以，对个人交易者来说，外汇在线即市交易是一种高风险但未必是高收益的投机买卖。

我们必须牢记：尽管全球化、信息化使全球金融市场的交易环境起了很大的变化，但金融交易的基本法则没有改变，市场的行为模式没有改变，人性的贪婪和恐惧没有也永远不会改变。外汇市场表面的松散化、民主化掩盖了其本质是一个金字塔结构的事实。这一结构必然产生非公平的负和博弈。这一金字塔的层级从上到下的顺序是：政府、银行、机构、对冲基金、企业、营运商、经纪商，最后垫底的一定是你——数目庞大的最弱者——个人交易者。

我相信，大部分个人外汇交易者并没有仔细考虑过当开完户成了一个外汇在线即期交易者时意味着什么——意味着此时自己已成为一个地地道道的短线投机交易者，而短线交易又是所有交易中最难的艰辛营生，对此，你有足够的准备吗？一个既悲哀又简单的普遍事实是，许多人已经开户并进行了一段时间的外汇交易后虽已赔得一塌糊涂，但他们还是继续按原来那一套赔钱的方法进行着外汇交易。

外汇交易如此吸引人必定有原因。有人说，外汇交易是上帝给中国投资者的礼物，虽有夸大其词之嫌，但事出有因，外汇市场全天24小时交易，北京时间晚8点至12点，欧洲时段与美国时段重叠，这段时间行情波动最大时，也是资金参与量及参与者最多的时段。因此，中国的外汇个人业余交易者有别的时区交易者无法比拟的时间优势，这段时间正好是下班后自己的业余时间，茶余饭后正好可以心无旁骛地来做交易。

技术专家可以使外汇交易的界面非常友好，只一张走势图，没有花哨的指标，电子平台完备的功能早就把一切都给你预先设置好了，只需点击一下鼠标就可以入场和出场。在一个连续交易、循环往复的全球性市场上，投机获利的机会无处不在——至少理论上说得通。

外汇交易的灵活性和高杠杆允许我们的账户爆炸式增长，这一优势是其他金融产品交易不具备的。

一个人的潜能只有在你给它创造条件的时候，才能知道有多大。最后给大家讲一个GMI①客户"一夜暴富"的真实故事，用来激励大家，这样的案例也完全有可能发生在你身上。

2015年12月1日，一位刚用2000美元开户不到一个月的王先生，在GMI账户上做多（买涨）欧元，进场点1.06000，恰好遇到欧元触底反

---

① GIM（Global Market Index），是著名的国际金融集团。

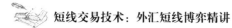

弹，单边上涨行情十分强劲，其在 2015 年 12 月 9 日止盈平仓，出场点位 1.10400，获利点数 440 点，杠杆比例 1：200，交易金额 106000 美元（1 标准手），保证金 500 欧元（使用资金大致相当于本金的 1/3）。7 个交易日，扣去手续费，王先生盈利总额约为 4400 美元——收益是本金（保证金）的 8.8 倍。

第2章

你的游艇在哪里?

入市时,每个人的交易起点不同,这就决定了每个人必然面对的风险不同。所以,在交易外汇之前,个人交易者首先要给自己一个非常准确的定位。这种定位除了来自对外汇市场的足够认识,更重要的是要清楚自己所具备的现实交易条件是什么,这起码包括下面几个方面:你有多少时间可用来交易,你有多少钱可以输,你已掌握了多少交易的技能,你是否愿意花时间去寻找一个靠谱的经纪商,你对自己的交易平台是否用得得心应手……其实这些就是你没有开始交易之前已经在那里等着你的风险和障碍。即使你明确了上述问题,也没有人会告诉你你的游艇在哪里。

一、全职交易还是业余交易?

回答这个问题是自我准确定位的开始。全职交易意味着以交易为生,同时视之为自己唯一的事业。你必须整天守着电脑交易,投入扣除生活费之外的全部现金作为投资资本,同时投入大量精力、体力和时间,甚至有时不得不牺牲生活质量和身体健康。所有来到市场的人,唯一目的就是"赚钱"。"赚钱"是必须的,因为首先你要在市场上生存下去;用"输"和"赢"来平衡自己的心理满足是第二位的。因此,全职炒家有充分的理由要求自己的交易有明确的业绩目标,要求自己拥有一套契合个人投资理念和性情、简单有效的交易系统;还要忍耐孤独,保持健康,始终精力充沛,头脑清醒。

只为享受游戏乐趣而来的业余交易者是"票友",因为有固定的收入,因此没有仅靠交易生存的强烈紧迫感,主要用晚饭后到深夜的时间来交易外汇。他把交易一半看作娱乐,一半看作试探自己的潜能——看看自己能否"用钱赢钱"。业余交易者最容易亏损，因为他不愿投入足够的资金、时间和精力来照顾他的头寸，了解市况及学习交易的必要技能。与全职人员相比，他失去了很多可利用的交易机会。如果投入资金少，一旦行情不好，情绪波动也大。常见的情况是，在输光第一笔钱2000美元数分钟之后，又划入2000美元或等额的人民币到交易账户中，周而复始，直到没有能力继续下注。当然，业余交易者中也有凤凰涅槃、脱颖而出者，但这毕竟是凤毛麟角。

学会交易要经历初级、中级和高级三个阶段。初级阶段一般是学习阶段，要经历1~2年亏损期。中级阶段在树立了对市场较为客观的认识以及尝试了许多方法之后，交易者逐渐对这些方法的实用性有了自己的评价，这一阶段亏钱、赢钱交替，总体输赢不大，一般需要耗费交易者2~3年的时间。大多数散户在经历了前面两个阶段之后止步，因为经过几年的辛苦摸索后还是无法赚到钱，外汇交易这条路太艰难，再也坚持不下去了。有天分的交易者会跨越前两个阶段进入高级别的第三阶段。成熟交易者的特征是能持续稳定获利，有一套得心应手的交易系统，对市场、人性、自身都有非常深刻的认识。这样的人大概不会超出总人数的1%。但是，话又说回来，个人潜力究竟有多大，往往只有在失败后的表现中才能够真正展现出来。如果你足够自信，那么什么也不要犹豫，先拿几千美元来试一试也是一种客观、理性的做法。

外汇短线交易并不适合所有人——有些人确实可以做好，但大多数人不行。现在做外汇的人，绝大多数都照搬股票市场的经验和模式，这是最致命的。外汇市场绝非股票市场，以做股票的思维做外汇难以登堂入室。即使做过期货的人做外汇也赢少输多，期货的杠杆已经很高，但和外汇相比是小巫见大巫；期货市场有些东西能看清，但外汇市场任何时候你都看不清。如果你做股票和期货都输得一塌糊涂，再用做股票的思维来做外汇会输得不知方向。来到市场的人，谁都只想挣钱不想输钱，但是在外汇交易中输钱是家常便饭。所以，在进入市场之前，你最好冷静下来仔细考虑一下，问问自己真的可以通过外汇短线交易赚钱或者以此谋生吗，如果回答是否定的，那么现在知难而退还来得及。

二、短线交易还是中线交易？

也许你认为外汇在线即市交易无疑就是短线交易，没错，但事情并非那么简单。"短线"中含有"超短线"，"短线"也可以成为"中线"的起点，而"长线"也可以成为"中线"的继续。上涨中有下跌，下跌中有上涨，较长时间窗口里的主要趋势都包含一个和数个逆向的次级折返趋势，次级趋势还会出现反弹或者回调，周而复始，乃至无穷。任何市场的行情结构都是这样，只要人性不变，交易者的风险偏好和交易条件总是千差万别，那么，谁优谁劣的主观争议就会一直延续下去。

外汇在线即市交易是名副其实的短线、超短线交易。无论是做市商银行的外汇交易员，或者是只有几百美元的个人交易者，操盘方法都一样：在绝大多数情况下，都在最长以一天为周期的时间框架内多次进出以博取交易利润。在极短的时间内进行交易，意味着只要有价格波动就是机会，价格是市场的唯一真理，不管它的"趋势"是什么，它朝哪里走，因此即市交易的精髓是价格为王，顺势交易，辅以博反弹。从微观结构看，从下方支撑位出现的拐点反弹到上方的阻力位，属于日内波段性微趋势，反之亦然。日内尾盘博反弹需要更大的灵活性和直觉敏感。显然短线技术更专业，掌握这些技术不是不可能，但因人而异。

不能说基本面信息与做日内交易无关联，甚至完全无用，至少不少人还承认"货币是经济的集中体现"。短线意味着你针对市场心理波动产生的"价格回归均值"在交易。尽管基本面分析和来自基本面的信息不直接等于即市价格变动，但至少可以给你一个模糊的宏观背景，如稍微假以时日，也许在一定程度上能印证你的短线预测与策略是否正确。短线价格更随机、更混沌，所以短线交易更具灵活性，有多种交易策略，它要求思维快、下手快，下手准。这意味着短线交易比中线和长线交易要求具有更高的专业技能。

中线交易的策略不能用到即市交易上。中线交易的立足点是日线，合乎逻辑的是 3 个或 5 个交易日为一周期。一般情况下，中线交易者只有当价格出现突破阻力位和支撑位并形成明确的方向性趋势时，才会采取行动。在实际操作中，他们视小于 1 小时的波动为"噪音"，更看重一些趋势性指标，如移动平均线等。他们也愿意冒隔夜持仓的风险。他们准备承担的风险相对盈利目标位是相称的，冒的风险大，每次买卖的利润也可能较多。显然，中线交易策略更适合机构交易者，或者说有经验的职业外汇炒家。

三、主观交易还是量化交易？

限于条件，散户很少能够对外汇进行量化交易。他们对量化交易或者说程序化交易存在不少误解。其实，"主观交易"也罢，"量化交易"也好，都是进行交易的工具或手段，只要方法正确，符合你的条件和性情，都能给你带来利润。

坦率地说，量化交易就是在华尔街也是非主流的交易模式，在很大程度上，它是银行自营交易部、大型投行或对冲基金进行资产组合管理的必要补充部分。20世纪70年代末，期权理论诞生，使我们有了对风险定价并对定价后的风险进行交易的能力，近年来，通信技术的快速发展，又使全球金融市场的交易环境发生了翻天覆地的变化。基础设施的完善和交易成本的大幅下降，使部分传统交易模式已被所谓的"量化交易"所取代。

在全球金融现代化的过程中，外汇市场获益最多。据统计，2004年账户分层结构自动接口系统上算法交易的占比仅有2%，而到2010年已经升至45%。在外汇的算法交易中，高频交易又表现最为突出。这种交易形式最早发源于证券市场，通过捕捉极其微小的价格波动完成毫秒级交易而获利，其特点包括单笔交易规模大、高杠杆、高频率与持有头寸的时间短（往往低于五秒）。此类交易只存在于那些最具市场深度和流动性的产品交易中。2004年以后，高频交易开始成为外汇银行间市场的主要力量，现在的高频交易约占外汇现货交易的25%，即市外汇交易的大幅增长主要归因于高频交易。高频交易对时滞性的要求很高，高频交易者要离银行交易系统的中央服务器尽可能近些。目前，主流银行间外汇交易平台基础设施都在美国和英国。随着高频交易者的大量介入，"对冲效应"越来越明显，高频交易的利润越来越薄。许多主流高频交易机构在高频交易中所扮演的角色也在变化，逐渐从多银行平台间纯粹的价格套利者演变为流动性提供商。

在国内，量化交易的兴起才只有几年时间，做高频交易的时间更短。其实做量化交易并不难，对量化交易有兴趣的个人外汇交易者来说，一个省事、省钱的办法就是直接利用免费平台，建立自动化交易模型。目前，全球最流行的是 Meta Trader4 外汇交易平台，这个平台上内嵌着一个有非常好用的建模软件，个人交易者可以轻松建立自己喜欢的外汇量化交易模型。

考虑到学员们大多数是个人投资者，条件有限，我在第 11 章中专门介绍了一个外汇量化模型，以期读者朋友在这方面有初步、具体、直观的了解。

必须说明的是，不存在绝对完美的量化交易模型，因此，任何量化交易模型都不是一劳永逸的"圣杯"。交易圈里有句话：量化做得好的都是原来做主观的。这是因为，真正有效的自动化交易模型，其参数均来自参透了市场玄机、有丰富交易经验的传统交易者。

交易风格是一种投资理念，更可能是一种投资信仰。应该坦白地说，我的投资理念是人性论，是心理学和博弈论。市场就是人性驱动的供求关系。交易就是运气加技能。就这么简单，岂有他哉?! 因此，要想在投机交易中赚钱，你可以不懂量化交易，但必须学会主观交易。什么是主观交易？主观交易就是直觉和量化技巧的高度融合。它是基于人性的方法，最贴近市场的方法。数据不会"预测"，而你的头脑会"预期"。在赌概率的游戏中，这是唯一最有可能使你赚大钱的方法——这一基本投资理念贯穿于本书之中，如你不同意，就要珍惜你的金钱和时间——现在就停止阅读本书。

四、你可以承担的最大风险是多少？

关于投资者如何管理和控制风险的书汗牛充栋，每本有关交易的书都必定提出这个重要的问题，这早已给我们带来了视觉和听觉上的疲劳。我一直怀疑为什么要把简单的事情说得那么复杂，他们想干什么呢？——卖书为生。而我和志同道合者却要以交易为生。我们需要简单、直接、有效。

"风控"，通俗地说就是管理你的账户、你的资金。在进入交易之前，你必须先问自己，你有多少钱可以输？如果输，怎么个输法？如果说你把吃饭的钱或者是借来的钱、透支的钱用于交易，那么，我现在就阻止你：千万不要这么做！因为这么做的人肯定比一般交易者要承受更大的心理压力，你还要为支付必需的生活费和还债而非盈利不可，因此你会给自己增加不必要的压力，就算没有赢钱的压力，短线操作的任务已经是相当繁重、艰苦了。事实上，你应该明白，正是这种压力常常导致了交易的失败，因为现在的你为了完成交易目标而承受了原本不必要的更大风险，仅就这种风险就会置你于死地。

再问你，一般情况下，你的资金占有率是多少？也就是说，你愿意拿出多少现金去充当保证金？如果10%～20%，那么做期货是可以的，但外汇现货交易不行，我建议新手开始的时候用1%的资本金去建仓。有了一段交易经历的操盘手，每天可以用2%的资金去做保证金。除非真的出现了大行情，你才应该果断增仓。因为，对市场人士来说，一个简单而反复出现的经验事实就是，交易风险其实只有一个源头，那就是你已持有的头寸。头寸太大，大到你坐立不安，睡不着觉，这个时候你的理性就会荡然无存。失去理性，账户上的资金就跑了。

止损是一切交易的第二个风险来源。止损又与你使用多高的杠杆有关，杠杆越高，止损位就要越紧。我个人认为，止损是所有交易中最难掌握的技巧，它是一门艺术，仅仅一个"止损"就可以写本书。短线价格波动大，随机性强，很难用支撑和阻力之类的概念来设定止损位，这些点位其实是"心理价位"。通常，市场主力往往会故意击穿这些点位来试探你的耐性或把你"扫地出门"，最典型的两种形式就是"震仓"和"轧仓"，所以，在即市交易中，唯有严格遵守给自己定的交易纪律，控制贪婪，不轻易改变事先设定的止损、止盈的目标位，才能在震仓或轧仓中不被清洗出局。

更多的个人外汇交易者喜欢简单的量化止损，如用一个百分比，在一般市况下，短线交易使用量化止损的确简单有效，但如果想要更有效地量化止损，那么就应该有一个简便、实用的计算方法来确定合理的止损位。这一技巧在后面的内容中会具体讲述。

其实，许多交易者对止盈、止损存在不少认识误区，我们在后面再详加讨论。

五、选一个靠谱的经纪商

现在我们已经知道，外汇市场和外汇交易的复杂性其实远远超出了我们的理解力。基本面信息和宏观经济数据与短线交易没有直接的相关性，个人外汇交易者的对手都比自己强大得多，唯一的明智选择就是在交易之前找到一个好的经纪商，能够提供好的平台和公平的价格，这样就能使参与交易的公平性提高到可以接受的水平，而不是在具有明显劣势的条件下进场交易。换言之，如何找到一个好的外汇交易经纪商是你进入实盘交易之前遇到的第一个考验。

当下，国内存在各种各样的外汇经纪商，多得令人眼花缭乱，却又很难找到一家声誉无瑕的经纪商。尤其是最近两年，平台冻结，点差扩大，订单执行失败，以及可怕的执行价格，重新报价，不友好的平台；更有甚者，会使你的资金不翼而飞。与名声不好的外汇经纪商打交道就像坐过山车，令人心惊胆战。即使背景是美国上市公司子公司的嘉盛、福汇这样的外汇经纪商，在活跃了一阵后也倒闭或陷入困境。在 2015 年 1 月 15 日瑞郎的"黑天鹅"事件中，福汇亏损 2.5 亿美元，至今还在还债，由于市场占有率大幅下滑，现在沦为一个代理商。外汇交易现在还是一个灰色地带，许多欺诈性的外汇交易公司仍在使出各种各样的花招欺骗客户，牟取暴利，最常用的手段就是用赠送资金的方式来诱惑客户投资。尽管近年来各国政府加强了管理，相关部门出台了许多新的法规和监管条例，迫使这个行业逐渐规范化和自我完善，但是外汇市场真正规范化要走的路还很长。

外汇经纪商基本上以两种方式开展业务，第一种是以当前的市场价格向客户提供货币对交易并从中收取佣金。通过这些独立的经纪商公司平台进行交易，意味着交易者并没有与真实的外汇交易市场接触，这些交易商的交易平台无论怎样人性化，基本上都是仿冒，只是模仿了真实交易平台模式，你根本享受不到外汇交易真正的相对透明、公正、公平的环境，搞得不好就会上当受骗。

第二种是不收佣金，只收取一定的点差。大型的、比较正规的外汇交易商一般都采用这种方式。他们让买卖双方通过他们的系统，以比货币对实际价格稍微低一点的价格进行交易（这种做法也存在很大争议）。因为浮动点低，灵活性较高，所以往往点差会可疑地扩大。经纪商通过宣称低点差来引诱交易者开户，但结果是在实盘交易环境下掺入了对客户不利的点差调整。这种恶劣的行为特别对"刮头皮"的超短线交易者产生了严重损害，毕竟这些人每天要多次支付可怕的点差。

在外汇即市交易中，成功和失败只有一"点"之差，当交易成本超过一个点时就很容易由盈变亏。点差超过一个点，客户就跑了。我没有用过国内银行的交易平台，听说绝大多数银行的交易平台点差都接近1或超过1了。所以，个人外汇交易者首先要舍得花精力和时间去寻找一个好的经纪商。如果一个经纪商不能在超过99%的时间里为短线交易者提供理想的点差，最好就是换掉它。

一家好的经纪商至少要达到以下四方面的标准：

第一，提供的平台采用STP直通式处理系统，客户的订单直接发送到国际银行间市场，以真实的即时价格完成交易。经纪商置身于市场之外，保障了客户终端参与外汇市场的公平性，以赚取合理的点差的方式谋利。

第二，有权威机构监管能确保资金安全。一般的做法是，资金均存于第三方的全球顶级银行中，客户的交易资金与公司自有资金完全分离。所有客户的账户均受金融监管机构的严格监管并只能用于正常交易。

第三，做市商银行直接报价，实施浮动点差制度。浮动点差制度使个体交易者在特殊交易时段也能在最短的时间内进场交易。客户与平台系统中所有的金融机构以及个体投资者之间直接进行交易，交易产品的价格完全取决于市场走势。

第四，无障碍交易。开放隔点挂单，标准账户最小挂单离开市场2～2.5个点，不限制客户持仓时间，报价精确到小数点后第五位，支持任何形式的自动化交易。

在这里，我向大家推荐总部在伦敦，在中国大陆有数家分公司，同时在日本及新加坡均有分公司的著名国际金融集团GIM。该公司无论是业内的口碑，还是交易的环境、服务的质量和时间、平台的高水准，均名列前茅，过去十年里获得各种荣誉数十项。它提供24小时服务，每月仅国内的成交额就高达 70 万标准手，无论是资金流量还是交易量都大大超过同类的外汇经纪商。

六、熟悉你的交易平台

做交易，电脑是你离不开的工具，交易平台就是你最忠实的朋友。就像交友必须花时间才能真正熟悉你的朋友一样，只有了解你的平台，才能够娴熟地运用各种功能，与之达到高度默契，人机合一的效能才能发挥得淋漓尽致。如果你觉得这个交易软件不顺手，或者说功能不理想，过于花哨，那你就换掉它，重新找一个。

当然，做交易的都知道，路透社的平台是最好的，但是它主要是向银行和大型经纪商、对冲基金提供平台服务，我们在这里暂不讨论。

我们继续以 GMI 为例，它简洁，高效，实用，但是要真正熟悉它，娴熟地使用它提供的各种功能，仍需要你认真学习，仔细研究一番。如果你想人机合一，要利用它的量化软件建模，则还要花费额外的精力和时间才能达到熟能生巧的地步。GMI 平台的优势如下：

第一，具有 STP – ECN 交易模式，属于阳光下的透明交易。

GMI 是中国最早提出并采用 STP – ECN 交易模式的经纪商先锋，其纯粹的撮合匿名成交方式在业内有口皆碑；对受英国银管局（FCA）监管的 GMI UK 而言，在 FCA 对 GMI UK 的经营权限规定中，其有限授权（Limited License）部分明确规定 GMI UK 为匹配主体交易商（Matched Principal Broker）。GMI 的 STP – ECN 无缝桥接技术能够让交易者的订单直接进入国际同业银行进行交易。在 ECN 的市场环境中，所有订单一视同仁，并 100% 自动进行价格匹配成交，这就杜绝了第三方的干预。

第二，具有高速执行、稳定流畅、国际最高规格的服务器架构。

GMI 是为数不多的专门为中国客户斥巨资打造服务器基础设施的经纪商之一，通过在香港的 HK3 数据中心和 Equinox 服务器，客户的交易执行信息从香港的 MT 服务器传输到流动性提供商 LP 那里只需 20 毫秒。GMI 具有卓越而稳定的技术架构。它能够让客户在交易过程中享受到稳定的系统运行（稳定性 99.9% 以上）。

GMI 拥有世界上最大、最流行的 ECN 及 STP 系统，多个人性化的外汇

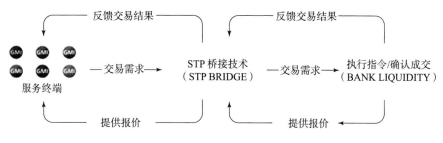

图 2 - 1　STP 桥接技术市场及运作结构

	MT 账户			ECN 账户
	Standard	**Plus**	**Pro**	
最低入金	$2,000	$5,000	$30,000	$100,000
杠杆	1:50-1:200	1:50-1:200	1:50-1:200	1:50-1:100
挂单距离限制	2.4	2.4	0	0
最小合约单位（手数/合约量） 外汇贵金属股指	0.01 标准手	0.01 标准手	0.01 标准手	1,000 合约
原油	0.1 标准手	0.1 标准手	0.1 标准手	10,000 合约
交易方式	**无限制**	**无限制**	**无限制**	**无限制**

图 2 - 2　四种账户类型及点差模式，为客户交易成本"减负"

交易平台，一般散户可以使用标准版的 MetaTrader 4，有资金实力的全职炒家或机构可以直接进入 ECN 系统中的较高层级的交易平台。

　　一句话，目前在国内，选择 GIM 作为你的首席外汇交易经纪商是较理想的选择，你可以享受到：最低到零的浮动点差，0.1 迷你手交易标的，0.01 微米手交易标的，1：50 ~ 1：200 的杠杆倍数，0.003 秒的成交速度，两小时内人民币变成伦敦汇丰银行账户上的美元，24 小时内让你获得全亚洲最具竞争力、最优的外汇报价、投究报告和策略建议⋯⋯

　　希望朋友们能喜欢这个平台。

第 3 章

外汇交易：三分天下、四个时段、全球交易

每周五天，每天 24 小时交易的全球外汇市场分场内市场和场外市场。场内交易以芝加哥商品交易所（CME）的外汇期货交易为引领，"一天"的周期以美国东部时间（纽约时间下午 5 点）为结束和新的一天周期开始。场外市场可以简化为以东京为中心的亚洲汇市，以伦敦为中心的欧洲汇市，以纽约为中心的美洲汇市。三大汇市场内、场外并行交易，相互影响，外汇行情承转契合。24 小时的行情（扣除大约 1 小时的集中清算）其实就是三大市场中的做市商群体相互角力、投机买卖的结果。学会研判与跟踪三大外汇市场行情的来龙去脉、涨跌交易规律，是外汇交易者必须掌握的基本技能。

交易者所处的地理位置决定了最合适交易的时段是本土市场白天开盘交易的那段时间。从全球看，三大外汇交易中心开市到收市这段时间就是最活跃的交易时段，只是交易者侧重交易的对象有所不同。影响汇率价格的重大新闻往往在这些时段发布。尽管场内货币期货、期权的交易量只占外汇总体交易量的一小部分，但是它们却常被用来作为场外货币交易的参考价格。

国内的外汇交易者，主要以北京时间为参考从事日内交易，最好的交易策略就是立足于亚洲的交易时段，以美洲汇市收盘前最后 1 小时、东京汇市开盘的最初半小时为指引，为自己的日内交易布局；同时，利用晚些时候欧洲汇市和美洲汇市有 4 小时的重叠时间来捕捉重大的交易机会。

一、全球外汇市场：三分天下

习惯上，全球外汇市场每日以美国东部（纽约）时间下午 5 点作为闭

市时间，然而这并不是真正意义上的闭市。场外市场和 CME 的 Globex 场内市场依旧在交易。全球汇市仅在每周五美国东部（纽约）时间下午 4 点闭市，周末休市，在周日美国东部时间下午 5 点重新开市。全球汇市每天从澳大利亚的悉尼开始，从东到西顺着时差迎来了主要金融中心——东京、伦敦、纽约的相继开市。

凡是金融中心都是外汇交易中心。纽约、伦敦、东京三大国际外汇交易中心被称为"金三角"。其他外汇交易中心，如悉尼、新加坡、巴林、苏黎世和法兰克福等区域性外汇交易中心，可以看作是对外汇交易"金三角"的补充，是全球汇市 24 小时连续交易过程中的重要连接点和过渡区间。

纽约占全球外汇日平均交易量的 16%。如果考虑到美国市场的深度、经济规模和对全球的影响，就不难理解美国汇市的重要性。除了场外交易，芝加哥商业交易所（CME）更是全球货币期货及期权的交易中心。期货与期权有"暗示"未来行情的作用，加上美国的短期利率和重要数据的发布向来就是全球经济金融的风向标，故纽约的外汇交易量虽然低于伦敦，但仍处于全球外汇市场定价中心的地位。

伦敦的国际性无可比拟，金融业务可用十多种外币进行，外汇交易量占全球的 31%。伦敦的地理位置也很优越，早盘的第一个小时与亚洲的新加坡市场尾盘重叠，伦敦时间下午 2 点至 6 点与纽约汇市早盘重叠。伦敦银行间三个月期美元同业拆借（放）利率（Libor）是国际融资业务的参考利率，所以，在伦敦交易的货币中有 92% 是美元。伦敦还是国际债券发行中心、欧元交易中心和人民币境外交易中心。伦敦国际金融衍生品交易所（LIFFE）与 CME 有多边对冲系统，17 家全球最大的货币银行和投资银行构成场外做市网，一些量身定制的货币衍生品场内交易同样非常活跃，尤以美元结算的英镑、欧元、日元、瑞郎最为活跃。

东京是亚洲的金融中心，以其巨大的成交量（主要是日元、美元和欧元）主导外汇市场亚洲时段的行情，代表了亚洲市场参与者的主流观点。东京的外汇交易占全球的 9%。日元的国际地位来自四方面的支持：一是日本的对外贸易规模巨大；二是伦敦的欧洲日元融资发债规模巨大；三是政府一贯支持日元国际化，支持对外投资；四是日元一直保持最低利率，成为套利交易的首选货币。

新加坡外汇市场对亚洲市场的交易者来说是场内交易的一个很好补充，它既是"亚洲美元"中心，也是亚洲货币衍生品的交易中心；新加坡金融期货交易所与 CME 有多边对冲机制；新加坡汇市晚间还有一小时与欧洲汇市重叠的时段；这些都是新加坡市场的优势。因此，新加坡汇市市况对想在晚间介入欧美汇市交易的人有很大的参考价值。

全球三大外汇市场的收盘价彼此影响，前两个市场的获利盘抛压，往往会在第三个市场出现；同样，前两个市场行情连续走低，到第三个市场，行情往往出现反弹或反转。如纽约的大户严重被套，通常不会就地了结，因为这会进一步压低汇价，他们会选择在新西兰、悉尼或东京开盘时视情况逐步解套。由此可见，24 小时的外汇市场中的汇率浮动其实是三大市场主力相互角力、投机买卖的结果。

二、全球外汇交易的重要时段

没有人可以每天 24 小时不停息地交易。任何交易者都不可能跟踪每一个市场的波动，也不可能对每一个波动都能做出及时准确的反应。时间是外汇交易的关键因素之一，在全球外汇交易最活跃的时段介入，胜算就大。职业炒家往往用图表记录全球市场连续 24 小时交易的情况，在适合自己的交易时段最大限度地抓住交易机会，见表 3 - 1。

表 3 - 1　全球主要市场时间表（北京时间）

地区	市场	开市时间	收市时间
大洋洲	惠灵顿	04：00	13：00
	悉尼	06：00	15：00
亚洲	东京	08：00	15：30
欧洲	法兰克福	15：00	23：00
	伦敦	15：30	23：30
美洲	纽约	20：20	03：00

注：伦敦市场和纽约市场执行夏令时，每年四月的第一个周一为夏令时间的开始，每年十月的最后一个周一为夏令时间的结束。

冬令时伦敦市场时间为：16：30 - 00：30；冬令时纽约市场时间为：21：20 - 04：00。

亚洲时段一般指从东京时间早晨 8 点开始到新加坡时间下午 5 点，交易在主要的区域金融中心进行。在亚洲交易时段，东京占了最大的市场份额，其次是新加坡和中国香港。尽管日本央行对外汇市场的影响力已经减弱，但东京仍然是亚洲最重要的交易中心之一。它是第一个开市的主要亚洲市场，很多大型参与者常常把东京的市况作为基准来估计市场的动力变化并制订相应的交易策略。

东京的巨额交易量产生的原因是：第一，由于外国投资银行和机构投资者持有的资产中大部分是美元资产，当他们进入日本的股票和债券市场时，会导致美元/日元的成交量急剧上升。第二，日本央行持有近万亿美元的美国国债，通过公开市场操作，会对美元/日元的供给和需求产生影响。第三，日本大型出口商通常会利用东京交易时段，把国外的收入汇回本国，这增加了货币的流动性。第四，英镑/瑞郎和英镑/日元也高度活跃。因为央行和大玩家们此时开始建立头寸，等待欧洲市场开始。对于有较强风险承受力的短线交易者来说，美元/日元、日元/英镑、英镑/瑞郎都是较好的选择，因为它们的波幅较大，平均在90个点，可以较多获利。

欧洲时段相当于北京时间15:30—23:00，法兰克福开盘要比伦敦早半小时。伦敦是世界上最大、最重要的外汇交易中心，也是国际银行中心，大型银行的自营交易部都设在伦敦。伦敦市场具有高度的流动性和效率，所以大多数的主要外汇交易都在伦敦时段完成。大量的市场参与者和巨额交易量，使得伦敦成为最活跃的外汇市场。在这个时段，12种主要货币中有一半的波幅超过了80点的水平线，这条水平线是用来判断币种是否活跃的基准。高波动意味着高流动性，伦敦外汇交易的活跃度充分体现了其国际金融中心的地位。全世界的大型市场参与者在那里完成他们的货币转换周期。伦敦开盘后的一小时与新加坡市场的最后一小时重叠，伦敦的下午盘正好与美国的上午盘重叠。在伦敦，大型银行和大型机构投资者一旦完成当天资产组合的重新配置，在美国市场开始前，需要再次把欧元资产转换成美元计价资产或对冲掉汇率风险。大玩家们的这两次资产转换过程是导致货币对出现巨大波幅的主要原因。这个时段，英镑/日元和英镑/瑞郎可分别最高达到140~150个点的波幅。风险偏好较高的个人交易者，交易这两个货币对可以在短时间内获得较大收益。

美国时段的大多数交易发生在（北京时间20:00—次日12:00）东部

地区上午 8 点到中午这段时间，因为欧洲的交易者也参与其中，这段时间的交易最活跃，流动性最强。美国下午时段开始到次日东京市场开始，其间的交易量通常会逐渐降低至最小。

美国上午时段无疑是全球外汇市场所有主要货币均交易活跃的时段。因美元是基准货币，外汇市场的大部分货币都对应美元报价，要转换成其他货币，也要通过美元，比如，英镑/日元，要把英镑变成日元，首先要把英镑换成美元，再把美元换成日元，交叉汇率因此波动更大，收益也会更高。高收益意味着高风险，交易者应该根据市况不断修正交易策略，因为汇率的波动相对急剧，很容易触发止损位导致交易失败。对风险承受能力较低的个人投资者，欧元/美元、美元/日元和美元/加元，这几个货币对看起来是很好的选择，因为它们都有中等的波幅，较小的风险，较好的流动性，短线交易者可以迅速有效地止盈或止损。

场外交易的外汇产品显然与股票和商品期货不一样，下午 3 点之后，可以继续交易，因为新加坡、中国香港市场还在交易，接下去就到了外汇市场交易最活跃的伦敦时段（北京时间下午 3 点到 6 点半）。傍晚 6 点到 7 点半可以休息，这时没有什么行情，然后进入晚间的美国市场进行交易。所以，以北京时间为准的日内交易，其一天的主要交易周期应该是上午 8 点到下午 6 点，如果遇到大行情可以延伸到晚 8 点到 12 点。

表 3 - 2　不同交易时段的主要货币对波幅（2015—2018）

货币对 （美国东部）	亚洲时段 7p. m. — 4a. m.	欧洲时段 2a. m. — 12a. m.	美国时段 8a. m. — 4p. m.	美国＆欧洲 重叠时段 8a. m. — 12p. m.	欧洲＆亚洲 重叠时段 8a. m. — 4a. m.
欧元/美元	61	97	78	75	42
美元/日元	78	79	69	58	39
英镑/美元	65	142	94	78	43
澳元/美元	58	63	47	39	20
美元/加元	57	94	84	74	28
纽币/美元	42	52	46	38	20
欧元/英镑	35	40	34	27	16
英镑/日元	112	145	119	99	60
英镑/瑞郎	96	150	129	105	62
澳元/日元	35	63	56	47	26

三、日内交易：最佳时段

做外汇即市交易仅仅确定一天的周期还不够，需要更进一步确定主要货币汇率在一天中的哪个时段会出现最大或最小的波幅，毫无疑问，这才是我们真正感兴趣的时间。能做到这一点，你就能够更好地分配资本，提高投资效率。参考美洲汇市，立足亚洲汇市，介入欧洲汇市，是国内外汇交易者的最佳策略。

假设，你习惯每天早晨 7 点 30 分坐下来打开电脑，那么第一件事就是要看主要汇率隔夜在纽约汇市的收盘情况；以纽约汇市最后一小时（北京时间凌晨 5 点）的 K 线为依据，预判当天外汇市场的整体走势。货币对汇率最后那根 K 线的开盘价、收盘价、最低价及最高价便是日内交易者唯一的参考，职业炒家往往利用这根 K 线来部署一天的交易，然后静等东京早 8 点开市。当日开盘价是最重要的市场指标，因为这个价格代表了市场预期及市场情绪，有经验的交易者在东京汇市开盘第一个 15 分钟或半小时结束时，就可以大致判断出当天的走势，心里就有了选择做多、做空还是继续观望的决定。

对国内日内交易者来说，东京汇市意义非凡。其实，东京交易最活跃的时段就是最适合你交易的时段。一天内，东京交易至少有两个值得你关注的或者说你必须要集中精力参与的时段。

东京市场的交易时间是北京时间 8 点至 15:30，最值得交易者注意的是它的早盘 8 点到 11 点、下午 1 点到 3:30 收盘前的走势。开盘之前，看一下全球汇市中第一个开盘的澳大利亚市场的情况也很有必要。

东京交易者会在开市最初的第 1 个小时，即北京时间上午 8 点到 9 点左右，创造当天的主要或第一个波幅，以测试当日的支撑位和阻力位，形成短期的波动区间，这一市况为亚洲及欧、美交易者提供了有效的买卖根据。可以说，上午产生的主波段是日内交易的轴心。多数交易者以此为依据，制定一天的交易策略。

一般开盘后的 1 小时内，如果行情震荡，就会在一定的区间上下反复；如果是单边走势，价格方向清楚而明显。如果交易欧元/美元，交易者所创造出来的趋势性波幅常见的约为 25~30 个点，快则超出 50 个点。

这是亚洲市场交易者在 24 小时外汇市场里最容易即时买卖赚钱的时段。因此不少职业炒手专攻东京开市后这两三个小时的交易。他们常用的策略是下单后如果预判正确，通常会持有到上午 11 点，然后在日内的支撑和阻力位上平仓；若预期当日行情可能以上下震荡为主，便会做波段交易，在区间内反仓博短线。

北京时间上午 11 点（日本东京时间上午 12 点）之后，市场交投清淡，因为此时已进入东京午饭时间，亚洲其他市场亦跟随休息，要等到 1 点左右市场才会再次活跃。也正因为如此，日内交易者通常会在东京汇市中段休息前减少仓位，以控制风险，于是北京时间上午 11 点前后通常会有一波获利回吐，汇价会向上午盘产生的波幅的中线反弹或回调。一般情况下，欧元/美元回调或反弹约为主波段区间波幅的 30%～60%，约 15～20 个点，趋势强劲时回吐有时会有 20～30 个点。换言之，北京时间上午 11 点，欧元/美元或美元/日元会回测当日早盘产生的支持位或阻力位，若 11 点左右汇价仍贴着当日上午盘的高位或低位的话，则反映出市场交易者的倾向十分明显，这对后市方向是强烈的"暗示"。若两个小时的波幅已达到日平均波幅水平，11 点半已回到波幅的中央，即反弹或回调波幅较大，那么交易者就要小心下午 1 点后汇价会延续反弹或回调，测试当日的新高或新低。

总之，日内交易或者说所有的交易，总是存在一个选择交易时段的问题，因为你不可能 24 小时一直在交易。外汇日内交易最佳时段的选择有三个标准：

第一，标的波动性与你的风险偏好一致，同时流动性强，主要非美货币都具有这种特征。英镑/日元的波动性较大，风险较高；欧元风险适中，流动性最好，受到交易者的普遍青睐。

第二，你有条件在该标的交易最活跃的时段进行交易。比如，欧元，北京时间下午 3 点以后到 6 点之前这段时间交易最活跃，成交量最大。

第三，符合你在交易、健康和生活中取得平衡的基本目标。做交易要学会长跑，不能长时间过度交易。短线交易高度紧张，要善于自我放松，养成良好、有规律的生活习惯，始终保持身体健康和淡定的心态，这样才能更好地交易。

四、亚洲交易时段：跟着东京市场走

从纽约收盘到东京开盘就构成了所谓的"盘路"，即市场行情的"来龙"与"去脉"，结果有4种可能：第一，纽约收高，东京高开；第二，纽约收高，东京低开；第三，纽约收低，东京高开；第四，纽约收低，东京低开。

第一种情况：纽约收高，东京高开，交易者急不可待想要入市。通常一小时就会有20～30点以上的升幅，到10点半左右，买方主力会出现回吐。这个回吐要十分注意，一般情况下汇价会回测纽约收盘价的高点，甚至回到开盘价。这是短炒主波段的黄金机会，策略就是开盘就介入，到10点半跟随主力平仓而平仓；如价格反转，便应在当天上午盘创下的重要阻力位多翻空，持仓到价格回落至昨日纽约的收盘价平仓。

第二种情况：纽约收高，东京低开。这有两种可能：一种可能是之前数日是窄幅波动，然后出现纽约收高、东京低开。在这种情况下，市场不会有太大反应，即便出现一二十点的抛售之后，汇价仍会回测纽约的收盘价，然后再在当天上午创下的波幅内上下震荡，但收于中线的可能大。

另一种可能是之前连续几日上升，然后是东京低开。这种情况说明东京的交易者认为有超买的嫌疑，不认可纽约的价格。这种情况的出现往往是由于纽约收市后传出对汇价不利的消息，美国西岸市场及澳洲市场开始作出反应，而到东京开盘时，亚洲交易者多数会跟随入市做空，波幅二三十个点。短线炒家会在日内低位获利平仓，这又造成汇价反弹，盘中回测纽约的收盘价。但是，如果价格不能回到纽约的收盘价，则表明市场走势甚弱，预期午后汇价继续走低，东京低收的机会颇大。

第三、第四种情况是盘路，即纽约收低、东京高开或纽约收低、东京低开。这两种盘路不过是第一种、第二种盘路的镜像，市场逻辑是一样的。因为后面我们还要详细讨论与此有关的日内交易系统开盘分析技巧，故在这里就不展开讨论了。

此外，据我的经验，一般来说，如果东京市场北京时间上午8点至11点、下午1点至2点半，这两个时段内汇价连续走高或走低，那么，至当日收市前一小时，北京时间下午2点半到3点半，东京和亚洲各市场的交易者会陆续获利回吐，出现价格反弹。而这时，欧洲市场的交易者，也会陆续加入，趁低吸纳，一起推动汇价反弹。

　　小结一下：对国内外汇在线即市交易者来说，以一天为周期的交易，最佳的时段有四个。上午8点到11点、下午1点半到3点，这两个市场以东京市场为指引，交易欧元/美元、美元/日元、澳元/美元是最佳的选择。下午3点到6点，基本就是欧洲市的上午盘，可交易货币对汇率增加，对交易欧元/美元、英镑/美元及交叉汇率感兴趣的朋友们可以择机进入。经历晚6点之后两小时交易清淡之后，最后进入全球最活跃的交易时段——北京时间晚8点到12点。这段时间由于欧美市场重叠，所有主力纷纷亮相，可交易货币对最多，交易最为活跃，机会自然也多。

　　由此可见，做外汇比做股票和期货要辛苦得多。同样是日内交易，后两者每天只交易4~5小时，前者则是7~10小时。无论是谁，做了一天的交易，再去做夜盘直到深夜都不是一个明智的选择。我的习惯是集中精力，做好北京时间上午的交易，这是一天中的重头戏。午饭后我会休息3小时，3:00-6:00开始交易欧洲盘；晚上8点到12点较少交易，除非预期有重大行情，做到凌晨2点也是常事。充足的睡眠比什么都重要，因为第二天早晨你可以在精力充沛、头脑最清醒的时候去查看隔夜盘的行情并复盘准备新一天的交易。做外汇交易一定要学会有所放弃。行情永远有，因为市场永远存在。当然，晚上时间对业余炒手则是最佳时段，这时他们可以安下心来，集中精力，轻松地"自娱自乐"，赚外快。

第4章

交易最强的货币

华尔街流行一句话：不是看你是否在场，而是看你何时、何地身置何处。针对外汇交易，你能否赚钱、赚多少钱，不仅看你是否参与交易，更重要的是看你交易的是哪一币种。最强货币的定义是：在某一时间和时期，该货币对汇率上涨或者下跌的趋势最为明确，价格变化最大，且趋势的技术特征明显，具有可持续性。一个优秀的外汇交易员在任何时候都会让自己待在最赚钱的地方。

那么如何找出最强货币呢？实践中主要有两种方法：相关性与波动幅度。主盘货币与美元指数有高度的相关性，各主盘货币之间也存在高相关性，利用相关性进行比较就可以找出强势货币。相关性或强或弱随时间变化，利用 Excel 软件我们可以非常方便地统计出相关性数据，并持续更新相关性数据。

波动性或者通俗地说波动幅度，是决定货币对汇率强弱的另一个重要指标。货币对波动幅度由两种货币之间的利差决定。相对于相关性，短期内利差变化对价格变化的影响更具决定意义。

交易最强货币也是为了避免犯似是而非的错误，即用股票市场的思维方式分散投资。千万不要同时交易过多的货币对汇率，专业的做法就是只玩你熟悉的市场，每天只交易一个（最多两个）有把握的货币对汇率。

一、选择最强主盘货币

外汇交易标的一般分为两大部分：主盘货币与稀少盘货币。主盘货币包括美元、欧元、日元、英镑、瑞郎、加元、澳元。虽说名义上全球有五六十种货币对可以买卖，但是真正交易流动性好的就七八种货币。主盘货币流动性好，交易成本低，所代表的国家央行有信誉，政局稳定，通胀率较低，货币可以自由兑换，流通性强。稀少盘货币主要是指新兴市场货币，如人民币、雷亚尔、卢布、卢比、兰特。新兴市场货币流动性明显不好，缺乏信息来源，报价不连续，波动大，点差大，风险高，所以，稀少盘货币是对冲基金与投资银行博弈的焦点，不适合个人外汇交易者交易。

主盘货币具备三个基本条件：

第一，波幅大。我们知道波幅大小决定盈利多少。如果一个货币对的日平均波动幅度超过 80 点，那么，不管在较长时间框架的走势图上，还是在较短时间框架的走势图上，日内波动都可以加以利用，并且几乎在任何一个时段都存在大量的交易机会。

第二，技术特征强。因为日内交易依赖于技术分析，需要看到交易标的在走势图上价格行为的表现方式，在选择的时间框架下，短线、超短线交易更要看到交易工具的典型特征：适当的日内波动幅度，反复上下的市场行为，突破前的盘整、回撤、突破、趋势和区间等，换句话说，外汇市场是一个可以满足技术交易者需要的具有较高技术特征的市场。当然，在外汇市场中，能达到这一要求的货币对不多，主盘货币基本都能做到。

第三，点差小。点差越小说明市场流动性越好，交易越活跃，交易的成本越小。短线和超短线交易者最大的软肋就是进出频繁，每次进出都要向经纪商支付一定点差，日积月累就是一笔很大的数目。点差的重要性我们会在后面详加讨论。

二、主盘货币的相关性

选择好的交易标的相对容易，但要好中选强，选择最强的货币对来进行交易，这就要下一番功夫。日内短线交易策略决定了即便只交易主盘货币，我们也不能每天将七八种货币都拿来交易。一个人能聚精会神盯住 1 到 2 种趋势最明确、最值得交易的货币对进行交易并把它们做好已经非常不容易。日内交易与日线分析存在千丝万缕的关系，选择强势货币借用简单的、类似股票市场的相对强弱分析方法——在这里我们称之为货币的相关性。

个人外汇交易者常犯的错误就是缺乏对每个货币对"个性"深入研

究，只考虑交易自己感兴趣的货币，而不考虑该货币与美元的相关性，也不去事先判断、比较该货币相对美元和其他货币相对美元的走势谁强谁弱以及这种走势的可持续性。美元是其他主盘货币的比价基准，分析货币的相关性其实主要就是通过分析比较该货币所代表国家的经济现状并与美国经济现状相比较，预期该货币贬值还是升值，强度如何，趋势是否可以持续。

首先讨论非美元主要货币与美元的相关性。举例来说，2018 年月 4 月 5 日，美非农数据再次亮丽；4 月 17 日，大量正面的经济数据公布，美元升息的预期进一步强化，导致当天美元开始从 88.2150 低点向上反弹，三天后就突破上方阻力位 90.0000；从此，展开了美元新一轮的周期性上升，直至今日这一趋势仍未改变。相应地，从那一时点起，各主要货币对美元汇率都开始周期性下跌，只有日元除外。你只要看一眼图 4 - 1，就能看到 4 个主盘货币与美元之间存在多么明显的负相关性。如果当时你继续看好上涨的英镑，那么你一定会输得很惨；同理，如果从那时起，你坚持做英镑、欧元、澳元的空头，那么你现在一定是一个最大的赢家。2018 年 4 月

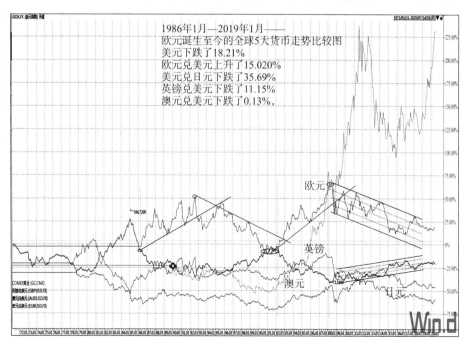

图 4 - 1　5 种主盘货币走势比较图（1986 年 1 月—2019 年 1 月）

份之后，英国脱欧事件发酵，英镑开始暴跌。市场预期脱欧事件对英国经济的影响是中长期的，而且很可能产生更糟糕的硬着陆，即"无协议脱欧"，因此英镑相对美元的大幅贬值趋势就无法改变。英国脱欧引发地缘政治动荡，使欧元区整体经济受到影响，这就拖累了欧元，结果两者就成了难兄难弟。

我们从2018年4月至2019年1月的5种主盘货币的走势比较图中可以看出：所有的主盘货币长期内与美元都显高度负相关，但相对美元表现的强弱不同。"强"和"弱"表现的是该货币相对美元的价格变化幅度，即趋势的明确性和可持续性。2019年，美元升值6.70%；相对应的是，澳元贬值7.50%，跌得最多。澳元和加元是典型的商品货币，美元升值，商品价格尤其是原油和黄金价格下跌，这两个因素的共同作用大幅推低了澳元汇价。英国脱欧事关全局，英镑持续下跌影响欧元，所以两者贬值幅度大致相当，前者为7.31%，后者为7.48%。

货币对汇率受各种因素的影响，所以它们之间的相关性也不是一成不变的，恰恰相反，有时变化幅度还很大。下面我们给出了五种主盘货币的相关性矩阵，分别为最近一个月的（如图4-2）和过去三个月的（如图4-3）。对照下图我们可以看到货币对之间的相关性数值在不同的时间差异很大。以欧元/美元为例，最近一个月的相关性高达-0.986，而过去三个月的相关性为-0.837，但总体来说还是大致稳定的。

套利分析	相关性分析	回归分析	历史波动率	商品曲线	季节图表			
日线	近1月	近3月	近6月	近1年	近3年	自定义	2014-02-21—2019-02-22	导出	保存
✚ 添加	美元指数	美元兑日元	欧元兑美元	英镑兑美元	澳元兑美元	美元兑瑞郎	<双击添加代码>
美元指数	1.000	0.823	-0.986	-0.818	-0.835	0.889	
美元兑瑞郎	0.889	0.849	-0.819	-0.888	-0.603	1.000	
美元兑日元	0.823	1.000	-0.769	-0.610	-0.541	0.849	
英镑兑美元	-0.818	-0.610	0.741	1.000	0.592	-0.888	
澳元兑美元	-0.835	-0.541	0.851	0.592	1.000	-0.603	
欧元兑美元	-0.986	-0.769	1.000	0.741	0.851	-0.819	
<双击添加代码>							

图4-2 5种主盘货币的相关性矩阵（2019年1月）

欧元占美元指数的57.6%，所以，欧元对美元一直具有很高的负相关性。欧元基本上就是美元的对手货币，图4-4就表明了这种情况。欧元在经常项下和资本项下的交易量都很大，日成交量占外汇市场的25%，流

套利分析	相关性分析	回归分析		历史波动率	商品曲线	季节图表		
日线	近1月	近3月	近6月	近1年	近3年	自定义	2014-02-21—2019-02-22	导出	保存
✚ 添加	美元指数	美元兑日元	欧元兑美元	英镑兑美元	澳元兑美元	美元兑瑞郎	<双击添加代码>
美元指数	1.000	0.809	−0.837	−0.555	0.002	0.519	
美元兑日元	0.809	1.000	−0.512	−0.450	0.460	0.353	
美元兑瑞郎	0.519	0.353	−0.798	−0.319	0.135	1.000	
澳元兑美元	0.002	0.460	0.043	0.149	1.000	0.135	
英镑兑美元	−0.555	−0.450	0.109	1.000	0.149	0.319	
欧元兑美元	−0.837	−0.512	1.000	0.109	0.043	−0.798	
<双击添加代码>							

图 4 - 3　5 种主盘货币的相关性矩阵（2018 年 10 月—2019 年 1 月）

图 4 - 4　美元指数与欧元兑美元走势比较图（2017 年 7 月—2019 年 2 月）

动性非常好；从技术分析的角度看，通常在一些关键技术位及交易形态的突破都比较可靠，在中线趋势上也是这样。可以肯定地说，欧元/美元对谁来说都是"最强货币"，尤其适合交易新手和风险承受能力相对较小的个人交易者进行投机交易。

英镑和美元的利差相对较大，波动性就相对较高。由于伦敦处于国际金融中心，使英镑获得了相当强的流动性和较高的投机性，也增加了英镑的波动性。在伦敦，世界各大银行的自营交易员都拥有巨额资本，成熟的高端交易技巧和强大的市场分析能力，使得英镑的高度波动性具有非常多的投机因素，许多新手常常落入伦敦交易员的"陷阱"。国内短线交易者要看清市场真正的运动方向并非易事，建议初入市场的个人交易者交易英镑时一定要谨慎。

美元/日元汇率相对复杂。日本是出口大国，必须保持低利率，或者说，日元相对美元不能升值过快。关于这些，过去 20 年日本央行已经做到了。另外，由于日本外贸规模大，海外企业众多，东京又是世界金融中心，短期内，逐利资金大规模进出必定会推动日元/美元的上涨或下跌。2019 年，主盘货币中只有日元相对美元升值了 2.04%。3 个因素推动了日元跟随美元升值：一是投资海外的日本大型企业数目众多，美元升值使这些公司的美元收入折成日元时每股收益增加；股价上涨吸引外来资金，增加了对日元的需求。二是美元利率上升而日元利率按兵不动，全球套利交易和融资需求进一步增加了对日元的需求。三是美国利率上升，新兴市场各国经济面临风险，资金回流日本，只要美元升息，这种趋势还会持续。

图 4-5　美元指数与美元兑日元走势比较图（2018 年 1 月—2019 年 2 月）

货币的相关性意味着很多货币对的走势往往相同或者相反，货币对间的相关性可能很强，也可能很弱。经济基本面在变，利率在变，市场价格在变，所以货币的相关性是随着时间改变的，可以出现快速变化，也可以持续数周、数月甚至数年。根据相关系数可以估计在某一时段内货币对朝着相同或相反方向运动的紧密程度。任何相关系数都是以小数的形式呈现，数字越接近1，货币对的相关性就越强；要注意的是，正相关与负相关在实际使用中是不同的。

从图4-2中，我们看到，欧元/美元的相关性高达-0.986，而美元/日元和美元/瑞郎的相关系数则为+0.83。如果两个货币对都有高的正相关性，如在美元/日元和美元/瑞郎同时投资就意味着在一个头寸上加倍。同样的道理，做多美元/日元货币对的同时做空美元/瑞郎货币对是不明智的选择，因为一个货币对上涨，另一个货币对也很可能一同上涨，然而由于不同货币对的点值不一样，这种操作不会让你的利润和亏损抵消为零，可能稍微盈利，但一定存在利润大幅减少甚至亏损的风险。

就像正相关一样，负相关系数越接近-1，两个货币对的相关性就越强，只是运动方向相反。让我们来看看欧元/美元和美元/瑞郎这两个货币对具有高度负相关，或者简单地说欧元和瑞郎高度负相关。它们过去一年的相关系数是-0.83，而过去一个月的相关系数达到-0.94，这就意味着这两个货币对朝着相反方向运动的倾向很强，因此，在这两个货币对上建立相反头寸，就类似于在两个具有正相关的货币对上建立相同的头寸。在这个例子中，做多欧元同时做空瑞郎，几乎就等于在一个头寸上加倍，结果就导致投资组合面临更高风险。

概括地说，利用货币的相关性就是选择经济增长最强劲的国家与经济增长最疲软的国家进行配对，这样交易成功率更高。跟踪分析主要货币对的表现，了解不同货币对相对美元的强弱程度，可以增强获利能力。

三、如何计算货币的相关性

如果你想运用货币的相关性来选出最适合的交易标的，就必须不断更新数据，并在交易策略上保持足够的灵活性。

计算相关系数看起来很难，但实际操作很容易。简单的办法就是通过Excel的相关性计算功能，得到某一时段内两个货币对的相关系数；通过计算货币对一年、六个月、三个月和一个月的相关性，就可以全面了解它们的相关性和差异度。在实际操作中，你需要着重更新后两者。

建议朋友们用万得的软件试一下，我觉得更好用，从量化窗口进去，点击"相关性"，就可以轻松计算货币对的相关性系数。付费的万得软件有一个很好的功能，就是软件都会对导入 Excel 表格中的各种数据收盘价进行自动更新，这样你想选择时段的相关性，只要点一下鼠标就可以查看了。

四、利差决定波幅

对强势货币的另一个要求就是不仅要和美元的相关性高，同时还必须具有较大的波动率，通俗地说就是波动幅度大。波动幅度大，盈利机会多，盈利水平高。我们习惯上是把 80 个点的日均波幅看作一条水平分界线，高于它或接近 150 个点为高波动性的货币对，低于它或接近 50 个点为低波动性货币对。波动性大小决定盈利机会多少，同时也蕴含了风险的高低。交易强势货币对也就意味着交易高波动性的货币对。

短期内，货币对之间的利差变化对于决定货币对的波动更具决定意义，因为理论上存在一个"利率汇率平价"公式。通俗地说，各国的商品和资产理论上应该是"同价"的，但我们都知道这是不切实际的，所有的价格都在不断变化，所以，习惯的做法就是短期利率一变就调整相关货币对的即期汇率，恢复资产价格的"相对均衡"。简单地说，"波动性"是指货币对的波幅大小，而短期内利差（一般指三个月远期利率和即期利率之差）决定波动性，利差越大货币对的波动幅度越大，投机交易的空间越大，盈利或亏损的机会也越多。比如，欧元/英镑、英镑/日元这样的交叉汇率，短期利差平均为 150 点，通过利率平价公式的计算，我们就知道这一货币对汇率最近 12 个月内的日平均波动区间为 350 个点，换言之，欧元/英镑或英镑/日元的日交易价格变动超出这一区间的概率极小。

短期利差不仅决定货币对波动幅度的大小，而且市场主力的投机行为往往使这种变动一步到位。在大多数时间里，套利交易是外汇市场交易的核心，也是全球宏观对冲基金和投资银行最喜欢的交易策略之一，即全球宏观交易的精髓所在。尽管我们是个人交易者，但是了解外汇市场的套利交易会加深我们对市场结构和市场波动的认识。这里，我们对此做一个简要介绍。

简单地说，套利交易就是做多和买入一种高息货币，同时做空或卖出一种低息货币，激进的投机者不会对汇率的风险暴露程度进行对冲，单边投机意味着除了获得两种货币间的利率差额外，投机者还打赌高息货币将升值。相反的做法，最典型的就是乔治·索罗斯（George Soros）在1992年赌英镑下跌，当他和德国央行的行长私下接触后，就认定为了挽救英国的经济，英镑利率的暴跌不可避免。这种相对简单、粗暴的投机方法，在那个时代很有效，现在已极其少见。各国对汇率风险的重视现在已大幅提高，对那些已经对冲了汇率风险暴露程度的人，虽然剩下的利率差额通常较小，只在1%到3%之间，但请想一想，如果交易者使用了5倍到10倍的杠杆（一般场外期权的价格不会超过5%），那么，光是来自利率套利交易所获得的收益就非常可观，如果是2.5%的利差，利率差额乘上10倍的杠杆就是25%。当大额交易者（大型机构及其他大玩家）看中了这种机会并扎堆交易时，该货币对汇率通常会因大量资金的流入量增价涨。

外汇套利交易是利用经济学基本原理的一种简单的投机方法，在这个投资回报率最大的市场中，在市场供需法则下，大量资金不断在这些市场中流进、流出，国家也积极介入其中。在国际资本流动中能提供最高利率的国家，通常会吸引最多的买盘，创造出对其货币最大的需求。作为一个常用的交易策略，套利交易很容易掌握，不必承担很大的风险，并可以在短期内获得高额回报。当然，如果交易不当，杠杆也将导致很大风险，因为杠杆在增加利润的同时也加剧了风险。外汇市场是零和博弈，大量主力针对货币对高利差进行套利交易，市场就必然会在短期产生行情的较大波动——产生"最强的货币对"。老练的个人交易者会不失时机地搭上顺风车。

从技术的角度看，对外汇日内交易者来说时间之窗只有一个，即24小时为一日交易周期，因人而异的交易时间窗口会更小。所以，他们心目中的"波段"乃是小时与分的概念。如果两个货币之间的利差在短期内决定了货币对汇率走势与它的日均波幅，那么，在日内交易中，以投机预期目标位获利来划分的波段操作就有了依据。如在欧元/美元上涨的趋势中，设定自己的日内波段交易的盈利目标是50个点，那么欧元从1.3500升至

1.3550 这一区间就是你为自己设定的波段交易的区间，这大致相当于多数类似情况下亚洲时段上午产生的趋势性主波段的幅度。一个波动性大的货币对，一天的行情可以分两段来做，每一段都会有 2 到 3 个波段的交易机会存在。

　　表 4-1 给出了 5 种货币对的利差及相对应的汇率波动幅度，从中可以看出，两种货币间长期平均利差大，波动就大；反之亦然，长期平均利差小，货币对的汇率波动幅度就小。对风险偏好较低的交易者来说，波动区间小就意味着行情相对稳定，容易把握，大起大落的情况少，因此交易风险就小，这样的货币对汇率最适合个人交易者中的新手做日内短线波段交易。

表 4-1　四种主要货币与美元的利差及相应的日均波幅

货币对	利差	日均波幅
欧元/美元	2.40	105
英镑/美元	1.65	120
美元/日元	2.50	115
澳元/美元	0.90	60

五、跨市场分析

　　货币是最具流动性的金融资产，不仅受经济体本身因素的影响，还受外部各种因素的影响，包括其他国家、其他市场的影响。随着过去 30 年里金融全球化的深入，汇率短期内更受国际金融资本流动的影响；同时，全球资本在外汇市场的趋利而动又对全球股票、债券和商品市场造成重大影响，而这些市场的变动反过来又都影响到汇率。比如，美元贬值直接决定了以美元结算的商品价格上涨，而黄金和石油价格的上涨往往意味着美元下跌，因此，跨市场分析的方法对外汇交易者很重要，不仅使外汇交易者通过对外汇市场与其他市场之间相关性的理解及早判断出外汇市场的未来走势；更能使交易者在外汇市场的"板块轮动"中及时做多强势货币，做空弱势货币，从而获得较高的交易利润。

　　约翰·墨菲（John Murphy）对技术分析领域的贡献莫过于他提出了跨

市场分析的方法，这一方法的基本思想来自查尔斯·亨利·道（Charles Henry Dow）。尽管这种技术方法还缺乏坚实的理论基础，但它有把基本面信息与超越传统单一市场技术分析方法有效结合的强烈倾向，是很好的"过滤器"，使用起来比较简单。在 Stockcharts.com 的网站上，约翰·墨菲有个人的"跨市场分析"专栏，专门介绍这方面的技术及应用。约翰·墨菲在他的《跨市场分析：从全球市场的相关性中获利》（*Intermarket Analysis：Profiting from Global Market Relationships*）一书中，列出了十多种市场间的相关性，我把与外汇有关的最常见、最重要的相关性放在最前面，现归纳如下：

第一，美元汇率与商品价格，尤其是与原油价格呈反向运动（负相关）。

第二，美元与欧元、黄金价格呈反向运动。

第三，美元贬值带来商品牛市，美元升值带来商品熊市。

第四，美元升值利好美国股市与债市，美元贬值给美国股市与债市带来负面影响。

第五，商品价格上涨带来利率上升，将使债券价格下跌；商品价格下跌带来利率下降，造成债券价格上涨。

第六，一般情况下，债券价格倾向于与股票价格同方向运动。

第七，债券价格上涨，利好股市；债券价格下降，不利于股市。

所以，利率下降，有利股市；利率上升，不利股市；利率变化先于股票市场的变化。在通缩期（很罕见），利率下降，股票下跌。

依我个人之见，外汇个人交易者只需集中关注三种与美元指数高负相关的交易对象就足够了：欧元/美元、石油、黄金，其他货币对汇率都可以按逻辑作出大致推理。所有的汇率变动本质上都可以看作是市场风险偏好的变化，这三个品种走高，美元就在走低，或倾向于走低，反之亦然。

值得注意的是，在美国，股票走势作为外汇市场领先指标的倾向性越来越明显。过去 20 年里，这个越来越密切的相互关系，部分源于美国格林斯潘时代过度扩张的货币政策，当时的交易者和投资者把能买的都买入，导致股票市场和外汇市场出现阶段性的正相关，于是，出现了一种明显的现象：在交易者处于强烈风险偏好时两者都会上涨，在交易者处于风险厌恶时，两者都会下跌。2008 年金融危机后的十年，特别是最近几年，这种情况好像又在重现。量化宽松政策最后带来的结果和格林斯潘时代所实施政策最后带来的结果很相似，这就是很多人会担心金融危机重来的原因。

　　股票对汇率的影响并不像利率对汇率的影响那么简单。比如，在全球股票下跌时卖出美元/日元，或者在股票上涨时买入美元/日元，真实情况要复杂得多。就像那个"先有鸡还是先有蛋"的问题一样，很难说清到底是哪种因素在前。股票市场的波动常常会引发外汇市场波动，外汇市场变化也能引起股票市场发生波动，日经 225 指数和美元/日元的相互关系就是一个很好的例子，如图 4 - 6 所示，虽然它们的相关性不那么强，但非常显著，美元升值意味着日元贬值，带来当日日经指数上涨，反之亦然。

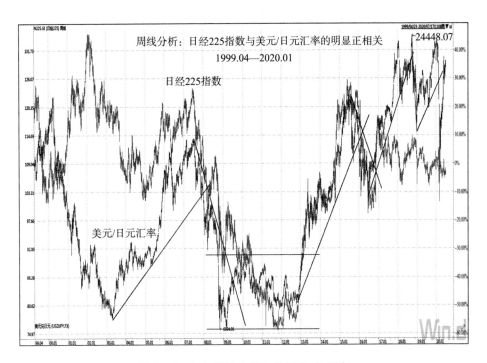

图 4 - 6　日经指数走势与美元/日元汇率

　　商品指数往往是"商品货币"的领先指标。当一个国家主要靠出口拉动经济增长并且该国生产的商品占其总出口的很大比例时，该货币的价值往往与该国生产的商品的价格有关，这是众所周知的。黄金和石油与外汇市场有重大联系，理解这种关联性有助于交易者评估货币对价格变化，了解风险暴露程度。虽然看起来黄金和石油与外汇市场没有直接的关系，但是影响黄金和石油的基本因素与影响外汇市场的基本因素相类似。

外汇市场有四种主要货币被视为商品货币：澳元、加元、新西兰元和瑞郎。每种商品货币与商品价格都有其特定的相关性和原因。了解造成这些货币波动背后的基本因素、波动方向、波动强度，是找到货币对趋势的有效方法。

四种商品货币首先满足了两个先决条件，即国家政治稳定并且在外汇市场上流动性很高。前三个国家都是商品出口国，主要出口产品有所不同，石油、天然气和黄金是加拿大出口数量最大的商品，黄金和铁矿石是澳大利亚出口数量最大的商品，这两种货币的币值和大宗商品指数的变化呈明显正相关；加上过去十年美元疲软，因此近十年这两种商品货币都大幅升值。进入 2017 年，中国经济增长放缓，油价下跌，全球经济不确定性增加等因素，使得全球商品指数与商品货币都开始周期性下跌。

在图 4－7 中我们可以看到，从 2013 年 5 月至 2019 年 2 月，美元指数上涨了 15.21%，加元上涨了 29.24%，两者高度正相关，这说明美国经

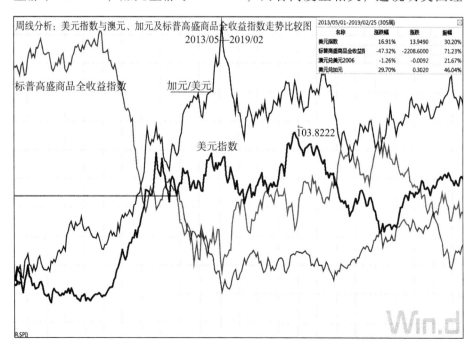

图 4－7　美元和商品货币与全球商品指数

济增长对加元十分有利。同期，商品指数和澳元、美元指数负相关十分明显，澳元成了主盘货币中跌幅最大的货币，跌了 27.90%；全球商品指数 CRB 跌了 12.57%。这和我们前面的货币的相关性分析、跨市场分析完全吻合。

澳元/美元与黄金有非常强（0.80）的正相关，原因是澳大利亚是世界第三大黄金生产国，每年出口贵金属折合价值约 50 亿美元，因此该货币对加倍放大了黄金价格的影响。地缘政治冲突是另一个重大影响因素，如果地缘政治局势不稳定，导致黄金价格上涨，那么很可能是美元已经开始下跌。

在图 4 - 8 中我们可以看到，瑞郎币值很稳定，基本是跟随美元同步同向微幅波动，所以，它和黄金负相关，这和美元与黄金的负相关性类似。瑞郎与澳元、新西兰元和加元不同，瑞士不像这三个国家有丰富的黄金矿产，也不是著名的黄金出口国，但是瑞郎是少数仍然坚持金本位的主要货币之一。在瑞士银行发行的纸币中，有 25% 以黄金储备为后盾，因此我们就不难理解，为何瑞郎被视为金融危机时炒汇的避风港。在地缘政治不确定性增加的时期，瑞郎通常也会上涨，美元在伊拉克的战争时期就是

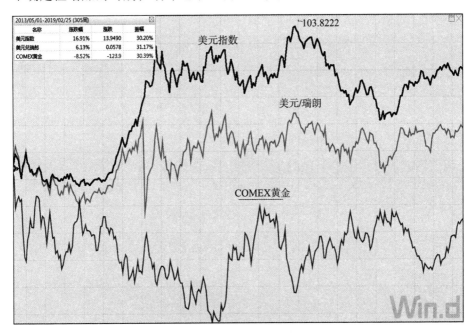

图 4 - 8　美元、澳元、瑞郎与黄金价格

一个例子，很多投资者取出他们的美元重仓投到黄金和瑞郎中。

石油价格对世界经济有着重大影响。由于油价的走势反复不定，加元的走势也就反复不定，但整体看还是与美元保持一致的。油价同时影响着消费者和生产者，因此，石油价格和美元之间的负相关性比黄金与美元的负相关更复杂，更不稳定（如图4-9）。美元/加元与油价有 -0.4 的相关性，这个非常弱的相关性，意味着油价上涨，只会在某些时候导致加元上涨。加拿大经济非常依赖石油和天然气出口，所以，对低迷的全球经济状况特别敏感。油价对加元的影响主要取决于美国经济增长是否强劲，如果美国的经济增长强劲，那么对加拿大的石油、天然气的需求就会增加，加元就会升值，加拿大85%的石油和天然气都向美国出口。

图4-9　美元、加元与石油价格

总之，"商品货币"交易者可以通过监视、跟踪黄金和石油的价格来预测商品货币的价格走势，择机交易。货币比商品有一个重要优势，就是可以赚取两个国家的利息差额，而黄金和石油期货就不能。

许多新兴市场货币都是商品货币，这些货币的走势与商品指数的走势具有更高相关性，行情趋势更容易把握，这里就不再详细讨论了。

此外，再次强调，我们讨论只交易"最强货币"的目的，就是想告诉大家避开"多元交易，分散风险"的股票思维。外汇交易的专业做法就是少而精——只做一两个货币对，一个更好。外汇交易的成功率与你交易的货币对多寡成反比。有经验的操盘手只认准一两种货币对用来长期交易，并使用适合货币对"个性"的策略和操作手法。他们不会在七八种货币对中跳来跳去，每天寻找新的货币对进行交易。老练的操盘手通常会有自己的风格，如抢帽子、做波段、价差交易、博反弹或其他操作风格，日复一日，不断按照自己的方法去赚钱。每个市场都有属于自身的规律，职业交易者每天做同样的事，对市场规律理解的深度不是偶尔涉足其中的人所能体会的。以他们在特定市场拥有的丰富知识和经验来说，你作为初入市的交易对手绝对居于劣势。

2019 年，我只做了三种货币对：英镑/美元、澳元/美元和欧元/美元。和大多数人一样，很多时间里我只交易欧元/美元，每天做同样的事，就能够领会市场的脉动，只要市场稍有异样，马上就能感觉到。我敢说，每一位老练的操盘手都知道昨日欧元/美元的高点和低点在哪里，更别说今天盘中的高点和低点了，这些都是安放止损点和应重点关注的可能产生突破的价位。有些趋势凭直觉就能感觉在同方向上需要进一步加强。比如只要脱欧事件没有了结，英镑就会跌跌不休，受此拖累，欧元必定跟随下跌；只要美元走强，商品价格下跌，做空澳元就是最佳选择。尽管我也做一点儿美元和日元。但是，在我的心中，当下"最强的货币"一直就是欧元、英镑和澳元；而当天的交易标的一定是那个"强中最强"的货币对。前面的图表已经表示，这三个货币对都是近期跌幅最大的。长期的交易使我已非常熟悉这三个市场的"个性"以及影响它们的关键因素。这三个主盘货币对的技术特征非常明显、稳定，也就意味着行情把握会相对容易，交易结果自然就比较理想——对我来说这就足矣。

第5章

日内交易背景：基本面分析

外汇交易看起来像一场赌博，但它并不是概率平等的游戏。在一场公平的游戏中，丢骰子的人并不能影响结果，每个人的胜算都是一样的，然而，市场参与者拥有的信息量是不等的。世界大银行的交易员拥有比其他人更多的信息，非银行金融机构次之，散户只能从基本等于空穴来风的新闻媒体消息中获取信息。信息也不可能同时到达每一个交易者手中，即使信息同时到达，更重要的是哪些信息会真正影响做市商交易员群体。在外汇交易中，基本面信息同样对日内交易起作用。无视基本面信息是"埋头拉车不看路"，会造成你对外汇走势的理解出现重大偏差，从而最终影响盈利水平或造成无法避免的亏损。

信息时代最大的挑战是信息过载，信息泛滥。因此，外汇交易者必须首先具备一种去伪存真、化繁为简的本领。这一过程不仅基于对基本面信息的收集和理解，同时还需要你有快速、有效地筛选和处理信息的手段。无论以何种方式介入外汇交易，关注和处理基本面信息的能力是交易成败的关键之一。

一、去伪存真，化繁为简

做交易的人基本可以分成三类：第一类是倾向于主要依靠基本面信息来进行分析、交易；第二类是单纯依靠图表分析来从事分析、交易；第三类是处于这两种人之间，两种分析方法兼而用之，为数较少的群体。优秀的交易员都属最后这一类。

短线交易可以只盯价格不看消息。但一个明显的事实是，突发的重大事件和重大基本面数据发布会给市场带来冲击性影响。尤其是事先行情犹豫不定，市场显得很安静，价格一直停留在关键的支撑位和阻力位上，官方经济数据的发布常常成为引发市场大规模交易的催化剂。精明的主力资金会提前埋伏好，利用公众在消息公布时做出的情绪化反应而获利。金融分析和金融交易是一种规模庞大的行业行为。大型机构每年都会花费数以百万计的美元去获取信息，以对未来全球经济、地缘政治形势及相关国家的风险进行深度分析，这么做的理由相当充分，目的就是在市场博弈中使自己具有优势。外汇市场本质上是银行间市场，货币中心银行受货币套利驱动，必须在利率变动消息发布的第一时间尽可能快地调整完所有币种的仓位，从而降低整体风险。消息成为事实，"市场无所不知"，市场主力的习惯性交易挑动着公众神经，剧烈波动的情绪引发市场羊群行为。而这一切都由价格变动明确无误地表现在图表上。因此，客观地看，新的消息会带来短期价格的方向性趋势运动。虽说技术分析对已经发生的事情会打折扣，但基本上也是市场预期的一个机制。基本分析青睐"数据"，技术分析青睐"情绪"。

汇率不是股票，更像是"消息"。华尔街流行的笑话是："我们是在交易空气。"这句话自有深意。在实践中，对短线交易者来说，基本面的信息重要不重要、是真是假都无关紧要，关键是我们要理解基本面信息会使市场参与者重新评估汇价，由此引发市场情绪与价格运动的改变。作为处于市场中总是弱势的一方，我们只关心一件事：市场主力会如何利用市场情绪达到影响市场价格的目的？公众的买卖行为会因此对价格产生何种程度的助推或推动？

思考是人类共同的天性，信息来了是第一个层面；大脑过滤信息产生第二个层面；对信息做出反应产生第三个层面；主力利用市场情绪是第四个层面。我想，这也许就是约翰·梅纳德·凯恩斯（John Maynard Keynes）曾经说过的交易思维需要经历 3～4 个层面。

交易时代，信息过载，泥沙俱下，信息多得可以将你掩埋，快得不容你看清楚。既然你没有大机构那样的实力和本事，那么，"身不由己"似乎就成了你的宿命。一旦你开了户，开始敲击键盘进行外汇交易，其实就意味着你已一头扎进风高浪急的全球经济的汪洋大海之中，身不由己地面对一个接着一个的经济浪潮、地缘冲击浪潮、重大突发事件浪潮、市场崩溃浪潮……这一切都影响着你的情绪，使你在大风大浪中不断跳进、跳出，成了外汇交易的"冲浪运动员"。快节奏的交易，瞬息万变的价格，早已把你压得喘不过气来，在日内交易中，你根本没有时间和精力再去顾及和过滤永无穷尽的信息。

更要命的是，凡是你能看到、听到、想到的，基本都是市场噪音，不客气地说，包括像彭博新闻社、路透社这些全球最权威的新闻机构发布的信息也多数是噪音，因为他们的记者多数是一些年轻的学生，自己从来不做交易，他们的谋生手段是制造吸引眼球的"故事"，更不必说五花八门、充斥市场的众多其他媒体了。如果高盛交易员放出风来，说"日元在现在价位已得到有效支撑"，那么，很可能他就在那个价格的下方埋下了大量的止损单，或者已开始悄悄地趁低做多。同样的事情也体现在了欧元上，2018 年 3 月 7 日晚上，欧元跌破下方支撑位，多家媒体唯恐不及地引用权威人士的负面言论，使市场大幅下挫，收盘价接近最低点 1.1175；然而，第 2 天东京开盘，欧元就跳空高开，到 14 日，欧元不但收回了全部的跌幅，而且超出了前高 1.1324，创出了新高 1.1340。因此，对做交易来说，如果你没有去伪存真的辨别力，没有有效的过滤器，那么泥沙俱下的信息洪流转眼间就可以把你彻底冲垮或淹没。

对个人交易者来说，如果能够得到的绝大多数数据是没有价值的干扰，那么，唯一有价值的、使你能够几乎同步免费获得的基本面信息就是官方公布的经济数据，这至少可以让你有所依据。但仅是官方数据也多不胜数，所以交易者必须要学会建立自己的信息过滤器，具备对信息化繁为简、去伪存真的能力。

基本面分析的重要性在于中长期内它能决定汇率的基本走势。有了基本面分析，短线交易者就有了对宏观经济走势的大致了解，就会胸有成竹，这就像有了一张地图。比如，近期美元利率的变化已经充分体现在了外汇市场上，那么利率决议真正公布时，欧元/美元的波动就会很小，但你明白英国脱欧对欧盟的影响在短期内无法逆转，所以市场做空欧元仍是主旋律。此外，你也注意到美元升息、欧元降息，扩大了利差，进一步吸引了资金流向美元资产。而货币的价格波动主要由市场的供求关系决定，外汇市场的流动性决定了这种变动是一步到位的，像利率变动这样的重大事件，持续的影响最多也就是一两天，而你应该在消息公布的第 2 天一早，大胆入市，搭上顺风车。还以 2018 年 3 月 7 号的欧元暴跌为例，欧元次日的大幅反弹，再一次证明了我们前面讨论过的全球外汇市场的盘路和走势是有内在联系的，前两个市场的卖盘到第 3 个市场就会变为获利回吐和多头入场，老练的交易者会意识到伦敦和纽约暴跌，很可能成为东京市场的一个反向指标。所以，我们可以看出这些重大行情的背后其实都是一些重大的经济、政治因素在起作用。无视基本面分析是很危险的，会造成你对外汇走势的理解出现重大偏差，影响到你的制订日内策略和实施具体交易，最终造成踏空行情或者出现无法避免的亏损。

显而易见，基本面分析是一项需要十分努力的工作。基本分析的方法是将大量随时可得、可靠详细、彼此关联的统计数据依照某种分析框架构成一幅全景图，弄清楚它们之间的相互关系，对历史的观点与当前事件做出清楚的、前后一致的表述。这一表述用来确定经济周期及阶段的性质，指导各个具体市场的投资活动。

不同的金融机构对信息的需求是不同的。对大银行来说，国际清算银行每 3 年公布一次关于外汇和衍生产品市场交易的报告，被奉为外汇交易领域的"圣经"，并且常常被分析师和经济学者们所援引。这份报告虽然无助于日常交易，但能帮助有大局观的市场玩家评估外汇市场在币种和投资工具选择方面的发展趋势。

大银行还对新兴组合投资基金研究公司的周报数据感兴趣。这份周报，把国别资金流量数据、基金流量数据、国别配置数据整合在一起，跟踪全部基金的国别流量总分布。对货币交易来说，这些流量数据非常重要。例如，货币基金流入新兴市场的资金增加，就可能说明近期的趋势和持仓情况，并且显示外汇市场风险偏好上升的新趋势。类似地，资金从全球新兴市场大量流入成熟市场，也许意味着风险厌恶，并且还产生了货币影响。更多的资金从一个群体流入另一个群体，有助于外汇交易商洞察基金经理在想什么或做什么，从而洞悉货币交易商群体可能持有哪类未平仓的头寸。资金大量涌向商品交易市场，常常会同时引发加元和澳元等货币的大量买盘。

货币对冲基金和大型机构，则对美国商品交易委员会（CFTC）每周发布的交易员持仓报告最感兴趣。这是目前最受欢迎的货币市场外汇交易持仓报告，该报告通常每周五发布周二之前的交易数据。交易员持仓报告把交易头寸分为商业头寸和非商业头寸，非商业头寸是"投机头寸"词义上比较中性的称谓。市场玩家通常会考虑把某种货币未交割非商业合约的数量作为投机商群体共同观点的一种客观表现。如果市场上做多或做空的合约数量创历史纪录，或者市场以创纪录的多头和空头头寸收盘，将有可能促使交易商重新考虑其对市场前景的看法。

大型对冲基金和机构，除了对 CFTC 的头寸报告和每周流量数据感兴趣之外，有的还订阅美银美林的基金经理月度调查报告。这些市场的大玩家通过关注美银美林关于全球基金经理的月度调查报告，来了解其对目前股票、债券和货币的风险情绪的看法。只有美国银行和美银美林公司的客户才能看到这份内容详细的报告，不过美银美林在给定月份的第 1 周，还面向公众发布关于上一调查日后这一周的情况概述。这份全球基金经理调查报告对 200 多个至少管理着 5000 亿美元资产的全球投资组合经理进行民意调查，询问他们是否正在减持或者增持债券和股票；在外汇方面，基金经理们会被问及所选择的货币（欧元、日元、英镑）在目前和在过去 12 个月里是否被高估或者低估。

当然，我们还有许多有价值的信息来源。显而易见，有质量的基本面分析需要从业者具备非常精深的宏观经济学的理论知识，需要有很多信息来源、一个专家组成的团队以及良好的团队协作精神。毫无疑问，这个要求是很高的，对个人交易者来说这似乎高不可攀。其实也不必担心，我们是在做交易，要化繁为简，只需要知道"怎么做"，而不需要知道"为什么"。我们需要花点儿时间和精力，掌握一些必要的经济学知识，筛选出一些有用的信息源；一流的信息源拿不到就拿二手的，只要是免费的，又能满足交易要求就可以。

二、盯住美国联邦基金利率

如果有人问我，外汇市场分析的最重要的宏观经济指标是什么，我一定会毫不犹豫地说美国的联邦基金利率。一切外汇分析从分析美国的宏观经济或美元利率开始，再没有一个指标比美国的联邦基金利率更重要了。

联邦基金利率的变动对全球宏观经济的影响是逐步到位的（一般有3~6个月的时滞），但它对全球外汇市场的影响却是一步到位的，非常直接。银行间市场依据的利率平价模型为两天以后的远期汇率定价，该模型认为两个国家货币的短期利率之比等于两种货币远期汇率之比，因此，作为市场基准的美元的短期利率一旦发生变化，依据利率平价模型就可立即精确推算出所有的主要货币各自相对于美元的远期汇率。我们习惯使用3个月的市场短期利率为基准作为参照，来研究分析美元政策利率变化给外汇市场带来的短期效应，一般采用在 CME 交易的 3 个月期欧洲美元期货（ED3）作为参照物。欧洲美元（泛指美国以外的所有美元及存款）期货是一利率产品，合约规格为 100 万美元；价格计算为国际货币指数 100 减去 3 个月欧洲美元隔夜存款利率，而欧洲美元隔夜存款利率是盯住美国联邦基金利率的，一般市况下，两者之间仅存在 10~20 个基点的利差，故美国联邦基金利率上涨，欧洲美元价格下跌；美国短期利率下调，欧洲美元价格上涨；因此，研究分析 3 个月欧洲美元期货日平均回报率的变化，我们就可以揭示各主要货币相对美元的汇率变化。

　　其实在 20 世纪 80 年代，美国的学者就试图用货币期货的利差来预测利率走势，因为，我们相信期货有某种"暗示性"的作用，那么，利用利差的变化和变化速度，我们就可以大致把握市场的主流规律。自从我读到保罗·克斯里尔（Paul Kasriel）与基思·史卡普（Keith Schap）合作的《推动市场运动的七个指标》（*7 Indicators That Move Markets*）那本书之后，我一直用那个简单的办法——盯住在 CME 交易的联邦基金期货各月份合约间的利差变化来判断市场走势。在一般情况下，联邦基金期货月和月之间的利差只有几个点，一旦超出 10 个点，说明市场对短期利率的预期已经起了变化，就要非常小心。最近几年我开始使用 CME 的 FedWatch 来印证期货价差的准确性，这一工具和过去的做法在本质上是一样的，只不过用了更加精确的量化计算，给出了预期联邦基金利率变化的概率百分比。有兴趣的朋友可以在 CME 的中文网站上查到相关资料。

　　外汇交易者有足够的理由自认为是趋势交易者，其根本原因就是他们能够通过盯住美国联邦基金利率的变化预测各主要非美货币的短期价格趋势，我们只需要记住：

第一，尽管存在许多争议，但实证研究至少告诉我们：在美国短期利率的上升/下调的当天、第二天及一周的时间周期内，外汇市场行情是可预测的。

第二，各主要非美货币不仅反应迅速，而且日内价格交易区间明显扩大，即日回报率明显增加。一周后，由美国短期利率冲击带来的影响会被市场逐步吸收。

影响汇率的经济因素众多，对这些因素的解释大同小异，解释重点各有不同。其实，预测货币供给和需求不像很多人想象得那么简单，人们对许多影响货币供需因素的认识和偏好也在不断变化。比如，20 世纪 80 年代以前国内生产总值（GDP）是最重要的，后来就盯住广义货币供应量（M2）的供给，进入经济全球化时代，资本自由流动，更注重的是一些市场性的指标，如货币供给、资本流动、股票指数、贸易盈余、投机需求和对冲需求。外汇分析师将这些数据分类，第一类是关于全球宏观经济形势的，第二类是关于国家相关重要经济数据的，第三类则是直接与交易有关的资本流量与头寸信息。就我个人来说，更喜欢第三类，因为在外汇市场，它们是代表市场预期，也是交易者投资的风向标。

显然，我们的目的更直接：不仅要了解信息，更重要的是观察或者预估信息发布后市场或货币对会对哪些数据反应最强烈？换言之，当这些数据发布时，哪个货币相对美元升得更快，或者下跌得更猛。我们力求简单来分析：

第一，既然美元是所有非美货币相互比照的基准货币，那么美国的宏观经济和美元指数就是全球经济和外汇市场的风向标。既然所有主盘货币与美元呈负相关，那么美元上升，它们必然下降，美元下降，它们必然上升，只是程度不同。

第二，把事情简化：把单个国家看作是一只"股票"，观察这只股票（国家经济）相对股票指数（这里是指美国经济）的相对表现，如这只"股票"在"行业"内属于哪个板块（这里是指属于成熟市场货币还是新兴市场货币）？它是该板块中最强或最弱的货币吗？

第三，聚焦于对美国经济数据反应最为强烈的货币对：它是具有流动性的货币对吗？趋势强弱明确吗？趋势能走多远？

在此以美元指数和欧元/美元为例，观察它们在美非农数据发表之后20 分钟和 60 分钟的表现。现在对美元涨跌直接影响最大的指标就是美非农就业人口数据，从 20 世纪末开始就是如此。美非农数据之所以这么重要，是因为美国经济的特征就是消费占 GDP 的 68%。强劲的就业增长通常带来强劲的消费，而劳动力市场持续吃紧，小时工资增加，从而使通货膨胀压力增加，市场对美联储升息的预期加强。相反，疲软的就业率数据表明消费不足，经济增长缓慢及降息的预期。据统计，21 世纪初，美非农就业数据公布后的前 20 分钟，欧元/美元的平均波幅为 69 个点，而一般情况下日均波幅也只有 98 个点。随着外汇市场流动性的急剧增长，市场对美非农数据发布带来的影响吸收也更快，波动幅度相对下降。

表 5 - 1　美非农数据公布后欧元/美元的波幅变化

	指标	波幅/点
2007 年的指标排名（前 20 分钟的波幅）	1. 美非农就业人口数据	69
	2. 利率	57
	3. 通货膨胀	39
	4. 零售销售	35
	5. 生产者物价指数	35
	6. 新屋销售量	34
	7. 成屋销售量	34
	8. 耐用品订单	33
	9. 国内生产总值	32
2004 年的指标排名（前 20 分钟的波幅）	1. 美非农就业人口数据	124
	2. 利率	74
	3. 贸易差额	64
	4. 通货膨胀	44
	5. 零售销售	43
	6. 国内生产总值	43
	7. 经常项目	43
	8. 耐用品订单	39
	9. 外国购买美国国债数据	33

美国的非农失业率数据最低水平是 1969 年的 3.5%，目前正接近这个水平。失业率连续走低，意味着经济持续增长。比如 2019 年 1 月 3 日，有"小美非农"之称的美国 12 月美非农数据 ADP①公布。与美国经济可能放缓的担忧相反，美国 12 月 ADP 就业人数意外激增 27.1 万人，远高于预期的 18 万人。事后，因克利夫兰联储主席梅斯特（Mester）表示，如果经济表现良好，中央银行可能需要稍稍进一步加息。在近期美国经济数据持续向好的大环境之下，美联储官员的任何鹰派言论都会引发外界对美元继续加息的猜测，从而刺激更多的美元买盘涌现。2 月 11 日（周一），美元指数延续此前数日强势上扬的涨势，早盘一举突破 97 关口，录得"八连阳"。毫无疑问，美元持续上涨就意味着负相关性高达 0.98 的欧元大幅贬值，包括英镑在内的主要非美货币以及现货黄金则节节败退。其中，英镑/美元失守于 1.29 关口，欧元/美元跌穿 1.13 关口，现货黄金则大跌 10 美元至 1300 美元/盎司关口。

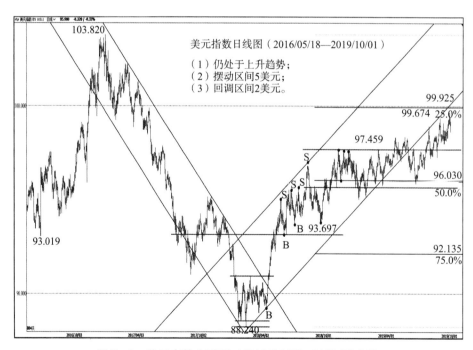

图 5-1　美元走势小时图（2016/05/18—2019/10/01）

_____

①　Automatic Data Processing，简称 ADP，是美国自动数据处理公司定期发布的就业人数数据。

美非农数据的重要性还可以从它发布时的市场表现来看。每到数据公布的前一天，外汇市场的交易就明显减少，到公布前几小时市场几乎已没什么交易了。北京时间晚间 7 点半，数据公布后的 1 秒到 2 秒的瞬间，美元指数可以上下波动一个或几个来回，跳动点飙升，波幅高达 100 到 200个点，名副其实的"过山车"，让人惊心动魄。当然，这是大银行通过高频自动化交易相互博弈的杰作，但这也说明外汇市场主力对这一数据有多么重视。

三、关注重大突发事件

重大事件的爆发往往是货币对新的趋势的起点。消息灵通的"聪明钱"会提前一天到数天就开始悄悄准备仓位，当重大事件真的出现，他们就会按照预期的方向加码下注，尤其是对那些斐波那契型的波段操盘手来说，重大突发事件会给他们带来最好、最大的机会。

较多交易者的失误就是新闻发布后太早进入。一般老练的交易员会观察 30 分钟之后再决定是否入场，因为这时候，随着价格向上或者向下出现突破，波幅会很大，如果价格上涨，必然会产生第一波回调，从高点回撤到低点或波幅的中线，再次上涨到高点，然后再回调。等到价格不再回调、突破第一波区间的上方阻力位时，就是入场时机。这里要牢记的就是，重大新闻发布后价格会出现大幅波动并会出现多次重复的短期行为，这就是最常见、也是最重要的日内价格形态的重复循环特征，或者说时间—价格行为短期具有明显的"对称性"。

值得注意的是，如市场反应并不强烈，价格回调很可能停留在斐波那契线上或百分比线上，那么交易者可以在其他时候确认合适的交易时机。我们常使用简单的百分比分析股票趋势的周期，但在外汇交易中常用的是斐波那契数列，因为这个工具在短期发掘支撑/阻力位方面精准度高，使用也更加简单、方便。

四、最重要的市场数据：头寸与流量

和从事其他任何交易一样，外汇市场的头寸与资金流量是我们关注的焦点。与股票、商品和债券市场不同，我们没有任何关于专业外汇市场交

易量的信息，因为外汇现货市场上的每笔交易都是以私人合约的形式（场外交易）完成的。要了解市场的头寸和资金流量方面的信息我们只有两条路：一是我们只能把 CFTC 提供的成交量数据作为外汇交易量的替代数据，二次是从经纪商那里获取跳动点 "tick" 的总量数据。这些数据还必须在第一时间到你手中。显然，对散户来说，便捷迅速地获得有关市场头寸和资金流量的高质量数据，不是成本过高就是不可能。

如前所述，美国 CFTC 每周发布的交易员持仓报告是目前最受欢迎的货币市场外汇交易市场报告。你可以在芝加哥商品交易所的网站上注册一个用户账号，CFTC 每周发布的持仓报告都会第一时间出现在你的电子邮箱里。实际上，因为很多投机交易都是由交易商完成的，却被冠以"对冲交易"的名称，因此，归结于投机商完成的交易量是不准确的，实际成交量要大一些。不过这并不会使相关信息有效性降低，因为我们想看到的是头寸的变化。值得注意的是，有时高持仓量意味着行情要反转，低持仓量却相反。持仓量和成交量同方向、同时增加，预示着趋势增强；同时减弱，则预示着趋势将结束。

跳动量是衡量资金进出的最好指标，在外汇交易中也被视为成交量的最佳替代数据。也许一些市场参与者或 CFTC 认为从事小额交易的散户是如此微不足道，以至于 CFTC 不屑把他们的交易数据纳入它的报告（也或许这样做很吃力，因此他们没有兴趣）。其实，时至今日，他们再忽略小额交易散户对外汇市场的影响是一种错误。零售外汇交易商和外汇在线即市交易经纪商最清楚外汇个体交易者群体对市场的影响越来越大。因为他们从自己的订单流中可以清楚地看到，当今的外汇现货交易市场活跃的个人交易者所占比例在迅速提高，而且对市场产生了重大影响。比如，著名的在线外汇经纪零售商奥安达公司（Oanda）就拿出了这方面的证据。2011 年 5 月 2 日，奥安达公司公布了其掌握的主要货币对的持仓量，数据显示 76.09% 的多头是美元兑日元；次日，美元兑日元一开盘就从兑80.64 日元跌到了兑 79.56 日元的低位。在随后的几个交易日里，美元兑日元又从兑 81.27 日元下跌到了 5 月 5 日的兑 79.55 日元。这就是规模较大的经纪商奥安达公司用自己的跳动量和头寸数据准确反映超买行情的一个例子。类似的，5 月 2 日，奥安达公司关于美元/欧元交易状况的报告显示，市场有 61.46% 在做空美元；两天后，欧元涨到了 1.4940 美元的高位，于 2 月 23 日出现超买，欧元跌到了 1.3968 美元。奥安达公司的头寸比率和跳动量数据准确反映了市场即将发生的方向性变化，充分证明在当时的外汇市场上，小零售交易者群体已经具有巨额交易量，成为影响短期市场行情不可忽视的力量。个人交易者应该选择几家规模大的正规经纪商平台，因为它们能够提供有关头寸和资金流量相对精准的信息，这对评估市场整体的未来趋势非常有用。

从市场心理的角度看，观察头寸和流量的数据其实就是对市场情绪的把脉。每个周末，世界各地的交易中心在清算头寸，交易者可以休息，但市场并没有休息，它们正在重估下一周的市场预期。周一早上永远是最重要的时刻，市场苏醒，新的预期已经形成。然而，对每一个交易者来说，周一早晨准确预测一周的市场方向和价格波动仍是非常困难的。外汇市场总是存在很大的不确定性，恐惧和希望随时会发酵，只有盘前结合基本面分析和技术面分析，给市场情绪好好把一下脉，我们才能大致掌握当前价格所反应的市场预期和市场心理变化。一般来说，对老练的外汇短线交易者来说，开盘后 15 分钟，货币对的走势就基本显现了，市场情绪就明朗化了。

市场情绪很难被量化和描述，这里推荐一个最简单的办法，就是打开搜索引擎，花几分钟，输入一些关键词汇的组合，查看、斟酌几个词条，这是廉价快速、必不可少的准备工作。如列出包含市场主要情绪的组合词条可以帮助我们过滤市场噪音，只需几分钟就可以创建市场情绪清单，看清市场整体情绪。我在表 5 - 2 中，列了三条做示例。

表 5 - 2　市场情绪搜索词条

人物	恐惧	希望	期望
杰罗姆·鲍威尔		歌声嘹亮	缩表停止
易纲		增加货币供给	人民币走软
马里奥·德拉吉	德拉吉担忧欧元区经济增长		欧元下跌
黑田东彦		政策中性	日元/股票上涨
格伦·史蒂文斯		暂停降低利率	对中国有信心
马克·卡尼		产值增加	英镑止跌

通过扫描市场情绪，抓住货币市场方向，可以帮助我们准确地回答下列问题：①市场的主要担忧是什么？②在这种担忧下，我应该交易哪个货币对？③我的第一笔交易该做多还是做空？

如果你有精力和时间，应该也同时扫描一下主盘货币所代表国家的重要经济数据及大宗商品，如石油、黄金、铜等的价格及价格形态，查看并记下财经日历公布的关键数据。对基本面的这些分析都是必要的。

五、建立自己的过滤器：一图抵万言

有没有一个低成本、高效率、简单便捷的方法来帮助我们解读基本面及预测市场走势呢？——有。30多年前，传奇式对冲基金经理迈克尔·斯坦哈特（Michael Steinhardt）发明了一个简化基本面分析的方法，他对选出来的15个基本经济数据进行了图示分析。他认为，如果统计出来的经济数据与市场价格走势相悖，那么这种意外情况有助于解释和预测货币的未来的真实走势，他称自己的方法为"差异认知法"。具体做法是：在同一张图上，左边是用15个数据的水平条形图表示公告发布时经济指标相对市场预期值的意外程度，右边是同一时期的货币对价格走势，而中间的斜线就是简单的价格回归线。这张图可以用于所有主要货币对，它形象地显示出价格行为是否与经济基本面同步，如果不同步，那么它一定会向"均衡价格"回调，这就有助于预测未来价格走势。这些数据每个月都会在金融日历上出现，你的任务就是提前做好一张表格，及时记录金融日历上的数据，每个月根据新的数据重新做一次这样的图表分析。

多年来，我一直使用这个方法来盯住美元指数的走势。不同的是，我把这个方法进行了改动，尽量减少指标，或使用自己喜欢的指标，如果有必要就随时进行调整。首先，我把数据减少到最少且必要的5个，并以我认为的数据重要性排序，分别赋予它们不同的权重。只要有新数据出来，我就把它们替换上去，这样可以使数据总保持最新的。这五个数据或指标依次是：美非农数据、联邦基金期货利差、标准普尔500指数、新房开工数、GDP。我这样做的理由是：

第一，美联储的公开市场委员会议息会议是在美非农数据发布之后，一般都在接近月底时召开，有时滞。当代外汇交易的时尚就是首先关注美非农数据。因此它对市场情绪的影响最大。2008 年之前，所有央行都是按照泰勒规则来制定货币政策的，这一规则的核心是就业率和通胀率是可以互换的，选择了美非农数据，通胀率就多余了。

第二，联邦基金期货是可交易的，其价格发现功能比较准确地反映了市场主流意见对利率变动的预期。每月底我还会用 FedWatch 这个工具来验证一下自己的预期是否准确，所以政策利率指标就用不着了。

第三，标准普尔 500 股票指数不仅代表了企业的实际盈利能力，同时也是一个最真实的市场信心指数，效果要超过密西根大学的信心指数。这一指数的本质含义是，股价持续上涨，说明企业的实际盈利能力超过了通胀率。

第四，新房开工数不仅是最真实的消费性指标，也是整个制造业乃至整体经济保持持续增长的前提。

第五，尽管 GDP 是明显滞后的数据，所以我给 GDP 的权重也最低，但它毕竟是一国整体经济的综合性指标，而货币就是经济的集中体现。

如图 5 - 2 所示，2019 年 1 月 4 日的美非农数据比市场预期增加了

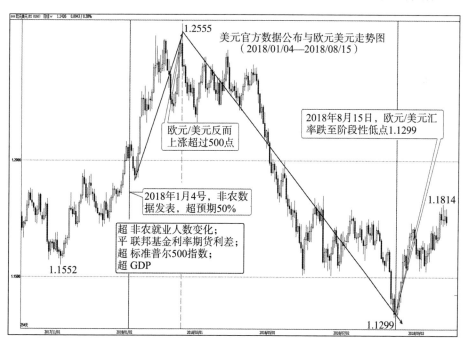

图 5 - 2　图解经济数据与货币对走势意外相悖

50%，这是非常少有的情况，说明经济增长的惯性很大。CME 的联邦基金期货隔月利差变动却不大，说明鲍威尔的态度在影响市场。标准普尔 500 指数、新房开工数、GDP 相比上月都是上升或增加——5 个数据中，有 4 个好于市场预期。但是，基本面和市场走势却出现很大差异，1 月 1 日至 10 日，美元兑欧元出人意料地出现了一波大跌（图中显示的是欧元升势凌厉），这时我们就应该预期市场迟早会自我调整，回到符合基本面上的走势上来。果然，欧元的好景不长，持续了 10 天大涨的走势后出现头部，接着掉头下跌，不但回吐了此前大部分的涨幅，且一直跌到 1 月 25 号，最低点为 1.1286。随着时间推移，市场对基本面认知的差异被完全修正，基本面与价格行为相悖的图解法被证明一图抵万言，这对预测后期的美元多头走势非常有用。1 月 10 号之后，做多美元的交易者大获全胜。

用图/表分析法，其价值在于定位和诠释那些异常的数据。如果相对市场预期，公布的数据出现很大差异，不管实际汇率相对数据的变化是正值或负值，都说明市场的认知和预期存在与事实的偏差。同时，主力机构会利用这种偏差或套利，或使偏差短时放大，这都会给我们对未来价格走势的分析提供一些非常有用的线索。虽然这种方法不很精确，但是用基本面分析的方法作为参考或背景来进行外汇短线交易是完全必要的，图/表法会使这一过程变得很简单。对基本面信息的理解必定会提高我们的交易成功率，对当下的英镑来说，你只要关注一件事就够了，那就是脱欧的进程，如果"无协议脱欧"，那么英镑还不知要跌到什么水平。

第6章

看盘——5个层次的思维

许多人交易多年从来没有认真考虑过何谓看盘，如何看盘；而绝大多数初学交易者，一开始就跌入误区，他们在经纪商推荐的平台上放上默认的均线系统，然后参考一些道听途说来的指标，认为大功告成，盯着屏幕，心里不由得一阵惊喜——现在自己俨然是一位炒手了——原来交易这么简单，但以后发生的事情就只是不断地亏损、不断地给自己找交易失败的理由，最终他们往往被市场扫地出门。

听听威可夫（Wyckoff）是怎么说的吧。他说，成功的图表解盘是对市场主力意图的研究，你需要具备判断哪一方有最大力量的能力，还需要有勇气，义无反顾地站到强者的一边。很多关键时刻会有至关重要的波动，这跟企业或个人的生命周期相仿，在这些性命攸关的节点上，就算是有根羽毛加到某一方，都可以立马决定价格运动的方向性，能看出这些蛛丝马脚就采取行动的人就能赢多输少。

我们谈"看盘"，从头到尾都贯穿了这种原则性立场。通俗地说，所谓的"看盘"，看的就是主力的意图和市场对这种意图的反应，是解读由市场情绪和群体行为驱动的市场行为及其结构，再把这种认知和个人的交易风格融合起来变为实际操作，这是专业与非专业的分水岭。

"看盘"是一次实质性交易活动的开始，包括"看盘""盯盘"和"出场"，无论是分析还是操作，层层剥笋，环环相扣，直至交易完成（成功或失败）。所以，一次交易就是一个流程，伴随这个流程走完的是交易系统。

著名经济学家凯恩斯曾是剑桥大学基金的掌舵人，他也是一个一早起来就急着要看盘的人，这正是凯恩斯与其他只在象牙塔里做文章的纯经济学家们的最大区别。他说，交易者面对充满不确定性的市场进行思考时不能只停留在表面，要有 3~4 层的考虑；但他没有具体说明每一层要考虑的具体内容，也没有告诉我们哪种考虑是最重要的。

我在自己的长期实践中，依重要性将"看盘"归结为：一看主力意图，二看价格位置，三看潜在目标，四看市场情绪。

"看盘"二字看似简单，其实内容丰富，内涵深刻，它是"交易"二字的精髓所在。相对于价格的随机波动来说，人的预测能力被理论和经验证明是微不足道的。如果说在 10% 的特殊时间里我们能够预测价格运动方向，但要预测最高点和最低点是完全不可能的——最高点、最低点总是事后才会知道。预测未来时段价格的具体走势就是路径预测。我们经常所说的高开低走、震荡上行、三段式上涨、巨幅波动等专业用语就是路径术语。短线交易意味着你将面对更强的价格随机性，在 5 分钟的行情里，大约只有 3 分钟左右的"趋势行情"你可以抓住，这是依据理论上趋势具有惯性；如要预测在全段或某个特殊时段精确的价格走势，我们必须要知道交易者习惯的行为方式，以时间为自变量，以价格为因变量。但遗憾的是，交易者的交易行为极其主观化，很多交易者的交易冲动都不一样，而且不具有稳定性，所以无法科学地找到交易者的行为方程式，最终无法预测路径问题——说到底交易之难就在这里。但预测未知又是人的天性，所以，不会看盘何谈交易，看错了盘，钱就没了。

金融市场遵循买卖行为驱动的竞价机制。要真正了解市场，读懂图表，你必须要通过市场行为本身来理解市场。通过对每一根 K 线的解剖，读懂市场参与者各自行为背后的动机和情绪，以及随之而来的博弈行为，这种做法的精确度有些类似外科医生进行的微创手术。市场行为或以价格形态，或以成交量，或以其他各种指标的形式展现在你面前，看盘就是用你从中选择的工具，合乎逻辑地解读"盘势""形态"和"盘口"。

"盘势"是指盘面上所有情况和各种消息所综合形成的盘面态势，包括价位、时间周期、成交量、价格波动的所有相关信息，是对盘面最初的直观印象和整体感受。老练的交易者，虽说身置斗室，只要打开电脑，在最初的几分钟里就能感觉到整体市场的情绪和气氛，这是长期历练出来的经验和禀赋中的敏感性共同作用的结果。

"形态"一般是指最新几根 K 线表现出来的市场行为结构，这种结构暗示价格未来走势。

"盘口"是指最左边的最新价格 K 线的位置和形态，更多的是指结合其他指标对当下这根 K 线的独立解读，以便对下一根 K 线的价格运动做出预判。

"看盘"就是先看"盘势"，再看"形态"，再看"盘口"，三位一体，一气呵成。

一、看透主力意图：跟着"聪明钱"走

金融市场和菜市场以及路边的地摊在本质上没有两样，一买一卖，市场乃存，不同的只是这种市场规模庞大，深不可测，是由买方和卖方两大阵营组成的。通过图/表来解读市场，我们首先要理解的就是供给和需求两种力量当下的相对态势，如谁在控盘，是买方还是卖方；造成这种供求关系及其演变的驱动力是什么？

任何金融市场总是可以分成占少数的主力资金（外汇市场包括政府、银行、各类大型金融机构，它们的别名就是"主力""聪明钱""综合人"）和占市场大部分的个人投资者以及中小机构（它们往往也会跟风交易，在这里，我把它们归在一起统称为"散户"）。散户是主力资金或"聪明钱"鱼肉的对象，不存在散户，他们就没有了对手，无所作为，失去了存在的意义。主力和主力互搏，往往输赢不多，因为彼此太了解了，所以，散户要想在市场中赚钱，客观上就要求你比市场主力还要聪明、身手敏捷。你的生存法则只有读懂"聪明钱"的意图跟风操作，既能提前行动又能及时全身而退，有这样的本事，你才能以交易谋生。不幸的是，绝大多数散户严重依赖技术指标、经济数据、新闻消息和传言来做交易，加上没有足够的风险意识和相应的资金管理，从而导致频频被套，亏损严重。

散户误入歧途是必然的，从根本上说这是人性的弱点所造成的。而市场主力或者说"聪明钱"个个都是市场心理学家，但这并不意味着其没有人性弱点，否则长期资本管理公司和贝尔斯通就不会在极短的时间内轰然倒塌。在市场主力的眼中，散户是法国心理学家勒庞笔下的"乌合之众"。

反向思维说的创立者汉弗兰·尼尔从心理学角度将市场中"乌合之众"的本性归纳成以下几个方面，并称它们为人类"心理法则"：

习惯	情绪	急躁
习俗	贪婪	恐惧
模仿他人	一厢情愿	如意算盘
相互感染	轻信	冲动
刚愎自用	过度敏感	造作

这些"法则"与"交易"结合在一起，就成了如下的市场逻辑：

第一，市场中的庞大群体往往受制于人类本性，只有当人们单独思考、决策并进行交易时，本性才得以抑制。

第二，人是合群的，对他人有依赖性，具有本能的从众心理或随大流的冲动。所以，市场中的人非常容易受到少数"杰出成员"的感染，而人所具有的模仿少数成员的言行举止、盲从"市场权威人士"和领导者的习性，使得交易人容易受到各种暗示、指令、习惯及煽情鼓动的影响。

第三，在信息过载的电子化交易时代，庞大的市场公众大多数时间不用或来不及用理智思考，而是听任自己的情绪摆布，想当然地接受各种"真实消息"或者"断定的说法"来进行交易。

"聪明钱"十分清楚，只有充分利用上述人性弱点和市场逻辑，把事情做到极致，才能挑动市场公众的神经，引导和改变他们的情绪，使还剩些理性的人群变为"昏了头"的羊群。他们肯定会提前知道重大新闻和消息，并在利好消息公布之前让价格猛涨，把公众情绪调动起来，疯狂买入；一旦消息公布，市场进入抢购高潮，主力就顺利地把风险抛售给了公众。同样，他们也一定会提前获知负面消息，并提前开始派发筹码，让价格连续上涨几天来挑动公众情绪，此时公众还被蒙在鼓里，当主力机构派发完毕，消息公布于世，市场开始下跌时，对公众来说为时已晚，他们已在头部全部套牢，此时，媒体会说这次下跌全由坏消息造成。

一波中长线趋势总是由大大小小的交易区间构成，主力也永远遵守低买高卖的赚钱法则，永远是在区间的底部买入，在区间的顶部卖出。他们出场的时候一定是散户贪婪的时候，进场的时候一定是散户恐慌的时候。牛市启动前，他们一定先要甩掉散户，并把散户在恐慌中卖出的低价筹码全部吸收。他们的行为极为隐蔽，具有欺骗性，在低吸时，价格只是小幅变化，成交清淡，目的是不让散户进场；反之，当他们出逃的时候，需要散户去接盘，价格达到他们设定的目标位时，他们必定会引导散户追涨，产生抢购高潮时他们才会毫无顾忌地抛售，一次抛售不完就重新拉起价格再次抛售，直到手里的巨额筹码在计划中的价格区间里全部清空。这就是为什么在熊市中，高点总是一个比一个低的原因。我们不能指望主力或"聪明钱"来解救自己，他们一定会使用疲劳战术，逼迫套在顶部的买家以底部的价格卖掉手中的筹码。他们还会使用价格突然大幅下沉或突然飙升的方法，把最坚定的买家和卖家震出市场。而媒体则是他们的"雇佣兵"，在顶部的时候，他们要出逃，媒体就鼓吹说市场正在高歌猛进，目的是吸引接盘侠加速涌入。在他们吸筹的时候，媒体每天唱衰市场，目的是让散户在底部卖出。

可见，对所谓的市场主力或"聪明钱"来说，唯一赚大钱的方法就是通过操纵市场心理和情绪来操纵价格，在"乌合之众"的情绪钟摆朝"恐惧"或"贪婪"两个极端的加速摆动中实现自己浑水摸鱼、四两拨千斤的"收益最大化"。所以，我们必须牢记，包括政府在内的所有人都是投机者，都只有一个目标：赚钱。起点不同，实力大小、认知差异、方法不同，注定了不同类型的交易者最终的交易结果会大相径庭。一切金融交易，包括长线、中线、短线、超短线，或在纳秒级交易中，所有的价格都是大玩家们有意地设定、主导或操纵的。如果需要，他们可以把任何时间级别上的 K 线的高点都设定为某个阻力位，同样，也可以把他们希望的低点设定为支撑位。如果需要，他们可以让某个货币对的收盘价、买卖点刚好落在某个点位上，一点也不高，一点也不低，因为计算机程序早已依据他们处心积虑的策划做出了这种安排。这些支撑位和阻力位在你看来并不那么明显，它们是潜在的，会以快如闪电的速度决定市场运动的路径和速度。他们感觉价格过高就平多或做空，感觉价格过低就会买进，"聪明钱"的资金规模和产生的成交量都遥遥领先；高频交易更可以在任何时候制造大量虚假的成交量。现在，发达的信息技术使越来越多的基本面分析也开始通过计算机来完成，换言之，市场的力量可以影响经济趋势。

综上所述，如果你是一个散户，现在依旧是严重依赖技术指标、新闻、消息、经济数据来进行交易，我的建议是：首先在自己的头脑里清出一块"空地"，安放一种以人性论为核心、以心理学为基础、以博弈论为解读方式的投资理念，因为它与各种诺贝尔经济学奖挂钩的权威理论相比，更接近市场的真相。而面对市场真相需要你具有更深刻的理性，更大的勇气，超众的智慧。

也许有人要说，随着监管趋严，股票市场和期货市场的那种相对原始的价格操纵做法在外汇市场已行不通了。不错，绝大多数情况下，外汇市场不存在机构私下里勾结起来敲定市场价格、蒙骗善良无知的散户、骗取他们的钱财的情况，机构对汇率价格的"投票"是通过他们独立的买入和卖出来进行的，不存在所谓的共谋，而其"投票"的每一个 tick 都显示在全世界所有的交易员或抄盘手面前。但是，你在金融市场里待久了，就会明白一个明显令人遗憾的事实：金融市场永远是道高一尺，魔高一丈，大玩家们的智慧和专业技能总是远超过监管当局，这在监管水平最高的美国也是一样，所以华尔街总是高傲地说，能约束我们的是天空！

不存在阴谋论不等于"大鱼吃小鱼"的现象消失了，在这里要强调的是，外汇市场的主力机构有意无意、约定俗成的交易行为，在任何时间级别上都可能会产生一波趋势——明显的羊群效应。大型机构的利润不仅来自同一级别的交易对手，更多地来自被套的小型机构和个人交易者。比如说，如果东京市场早盘跳空高开，随即又迅速跌到隔夜的收盘价附近，然后恢复上涨，并持续到上午的 11 点，我的解读可能是市场主力想在低位买进，所以会在价格第一次触及阻力位之前按兵不动，直到价格回补缺口、回落到支撑位，多数交易者会认为价格不可能再跌，于是在这个价位大规模吃进，只要价格超过开盘时创造的高位，市场情绪便会从开盘时的犹豫演变成看涨的"共识"。接下来的行情，他们就不用再费什么心思，可以坐享其成。

外汇日内交易同样存在趋势，同样包括与中线、长线一样的趋势结构，一波像样的趋势从开始到结束，主力必须通过底部的吸筹、价格拉升、回调或二次吸筹、价格加速上升、到达头部的目标位时冲高回落，之后这种冲高回落会再次出现。卖在高处的头部派发其特点就是宽幅的反复震荡，直到主力筹码抛尽，多头的套牢盘与时俱增，接盘意愿越来越低——这时，价格才会去尝试突破关键支撑位，于是我们说"一波趋势结束了"。对日内短线交易者来说，也许这种主力意图是背景性的，但对你仍然很有用，如你是专攻东京早市两小时行情的专业炒家，由于你开盘前就已琢磨透了主力的意图，那么，开盘后你已经心中有数，这就叫作"见树又见林"，这将使你选择的进出场的时点更加精准。如果你以 5 分钟窗口来交易，第 1 根 5 分钟线如你所愿（和你预判的主力意图一致）大幅高开，这就意味着今天的上涨趋势十有八九会持续。三根 5 分钟线就是一根 15 分钟线，平时也许这就是你的盈利目标位，但今天因你"心中有数"，更沉得住气，让价格一口气走了 5 根 5 分钟的阳线才获利平仓，这意味着什么？意味着一个优秀的短线交易员心中一定时刻装着对主力意图或背景趋势的清晰认识，在实践中这样做往往体现为降低了风险，增加了收益。

中长线交易者有大量的时间和机会来观察、读懂主力的意图，这是他们的优势，短线交易就没有这种优势了。因为，主力的重心是"阶段性做盘"，主力参与日内交易往往只是为了配合阶段性做盘，而中小机构和散户受交易条件的限制，只能以短线交易或超短线交易为主。短线只盯价格，交易的主观性极强，价格因此呈随机游走，所以，同样一个系统，用它来做短线交易时，至少要对指标的权重和一些参数做出调整。交易窗口也要以日内交易为框架重新选择、设计，有些指标比较适合短线交易，有些则不然，但交易的原则和投资的理念不会因为不同的市场、不同的产品、不同的时间窗口而改变——"看盘"就是读懂主力意图，跟着"聪明钱"走永远没有错；不同的只是在 5 分钟的窗口里，更多的时候是要看懂同级别或和比你大一些级别的交易对手的意图。这样做不太像是"顺势交易"，所以我们说短线更接近于纯粹的博弈。

二、看清价格位置：关键点位

看盘的第二要义是看清当下的价格处在整体趋势的何种阶段，构成何种形态，价格处在窗口的哪个位置？

本质上这是个时间概念。时间之轮常常把市场分为三个阶段：趋势化的阶段、盘整的阶段、转折点的阶段，市场走势始终处于这三个阶段中的某一个，或者说只处于其中一个。三个阶段中又都存在着多种价格形态，事实上所有的形态都从这三个最初的阶段演绎而来。市场最本质的特征就是与时间相关的周期性——永不结束的周期循环——一个上升的波段，接着一个下降的波段，周而复始，并由此演绎出交易方向。我们正是在这样的市场中交易，在特定的时间里以特定的价格入场和出场，看清价格位置是为下单做决策准备，具体步骤如下：

第一，从日线图上确定较长的趋势是我们最习惯做的事，短线交易者也应该做好这项功课。日线图上看到的整体趋势长则几年，短则一周或几天。具体方法是：打开电脑，首先找到过去的最高点和最低点，找到这两个点位之后，画两条水平线，区间中的整体趋势立马清晰可见。在这个大区间里，过去的高点和低点是重点，在威廉·江恩（William D. Gann）那里称之为"老顶"和"老底"，这些点位市场都有记忆，都是以后会产生关键支撑和阻力的地方，而且百分比和斐波那契数列都将产生千丝万缕的联系。

第二，如果在右边的价格竖轴上添上百分比或斐波那契数，你交易的标的也正好比较适合这些分析工具，那么上述的那些"老顶"和"老底"马上就会得到印证——阶段性的支撑位和阻力位就立马可见——这并不是要你马上去完全相信它，这里也不是你精准的入场时点，但是你必须要看清一个较长期的趋势背景，这对你以后的入场交易至关重要。

第三，50%这条水平线和斐波那契的50%是同一条线，这条线十分重要，市场习惯地认为它是整个趋势的价格"均衡"支撑线，又称颈线。颈线允许有上下10%的斜度，这是主力进行突破时提前放量造成的。一般认为，当下价格在这条线之上是多头控盘，在这条线之下是空头控盘，一旦突破成功，价格摆动幅度为另一个50%——"从哪里来回到哪里去"。

第四，做好了前面的功课，日内交易者就会明白当前的价格是处在熊市还是牛市，处于一个趋势的何种阶段，接下来才能将自己的注意力转到能发现入场信号的时间窗口，比如说，1小时、半小时或者5分钟窗口。

第五，这时，你要将日线看盘的步骤再重复一遍，发现过去（比如说10个交易日内）的最高点、最低点、50%的市场价格"平衡线"，以及在1小时窗口里潜在的支撑位和阻力位——这些点位对你来说才具有真正的意义。如果它们中的几个能和日线的某个关键点位拟合，那个点位就是实际操作中决定成败和交易质量的最关键点位。你是日内交易者，日线趋势分析只需作为一个背景记在心里，要时刻盯住的是 1 小时或 30 分钟窗口产生的入场信号，然后切换到 5 分钟或者更小的窗口下单交易，因为你的交易盈利目标不是上百个点甚至更多，而是在日内结束交易前赢取 50 个点甚至更少。

三、看清价格形态："5 点 4 线"

有经验的交易者都会说看盘就是看价格形态，这说明价格形态的重要性。价格形态之所以重要是因为暗含"短期趋势"，或者说暗示着下一根 K 线的走向，这对短线交易来说尤其重要。短线交易的解盘就是读懂每一根 K 线的含义，预判下一根 K 线的走向。

"价格"和"价格形态"是两个不同的概念，在我的系统中更多的是指后者。单独一根 K 线只是一个固化价格，没有"预期"作用，只有几根 K 线连在一起，并结合成交量来分析短期的价格形态，才能揭示它背后的真实含义。分析价格形态的预见性、实用性及便利性意义重大，老练的交易者，只要瞟上一眼，就立刻大致明白了接下来的走势：接下来是向上还是向下，是到支撑位了还是到阻力位了，价格变化的速度估计会多大，回补的幅度会多大，反弹持续的时间会多长，——而这些恰恰是日内交易的精要所在。

无论是股票、期货还是外汇，无论是短线、中线还是长线，价格走势只存在三种模式：上涨、下跌、横盘。如果我们能够找到一个简单、实用的价格形态过滤器，把所有价格形态按照我们熟悉的技术特征来分类，事情就变得简单多了。下面我来介绍一个大多数操盘手还不太熟悉的技术，我简单称之为"5 点 4 线"。

1971 年，美国的罗伯特·利维（Robert Levy）第一个提出给价格形态系统分类，他使用 5 点模式，并根据股票的波动性给它们分类，然后测试这样的分类是否有效。虽然他并没有发现这些分类有什么预测能力，但他留下了一个有力的工具，那就是 5 点模式。

这个方法被搁置了十年，直到后来的亚瑟·美林（Arthur Merrill）又把这个工具捡了起来，并于 20 世纪 80 年代初专门出了一本书来说明这个工具的有效性。他同样使用 5 点法，但没有用利维的波动过滤器，而是使用了自己的百分比过滤器。他把所有的价格形态分成两组，16 个形态与大写的英文字 M 相关，另外 16 个价格形态恰好颠倒过来，与大写的 W 相关。他的分类按照点数高低排序，价格形状如果像 M 就归入 M 类；像 W 就归入 W 类。M1 是最强烈的下跌模式，中间的 M8 和 M9 是振荡模式，M16 是最强烈的上涨模式（图 6－1）。同理，W1 是下跌模式，中间的 W8、W9 是震荡模式，W16 是最强上涨模式。

更进一步，美林又把分类中的所有形态与我们所熟悉的那些技术分析模式一一对照起来，如表 6－1，可见熟记 32 个形态及这个表格在做起交易来该是多么方便！

表 6－1　美林的 M、W 价格形态和技术特征分类

技术模式	美林的模式
上涨趋势	M15，M16，W14，W16
下跌趋势	M1，M3，W1，W2
头肩	W6，W7，W9，W11，W13，W15
反向的头肩	M2，M4，M6，M8，M10，M11
三角形	M13，W4
变宽	M5，W12

的确，如果我们仔细观察所有的价格形态，它们都可以用一系列的 M 顶模式或 W 底模式来分类，这一技巧的实用性不仅体现在短线交易上，在更长的时间框架内，在各个不同级别的价格趋势周期上，"5 点 4 线"的方法都可以成为一个非常有效的价格过滤器。当我十几年前第一次接触到美林的图表时，马上就联想到威可夫的分析方法。威可夫的方法常被专业人士用来分析中长期趋势，其核心的概念就是两个"突破"，在关键的阻力和支撑位上发生或即将发生的向上或者向下的突破时，掌握了"5 点 4 线"法的你，只要对走势图瞟上一眼，就会对价格的下一步走势有了十之八九的把握。在图 6－2 中，美元/日元 1 分钟走势出现了明显的 M 顶。

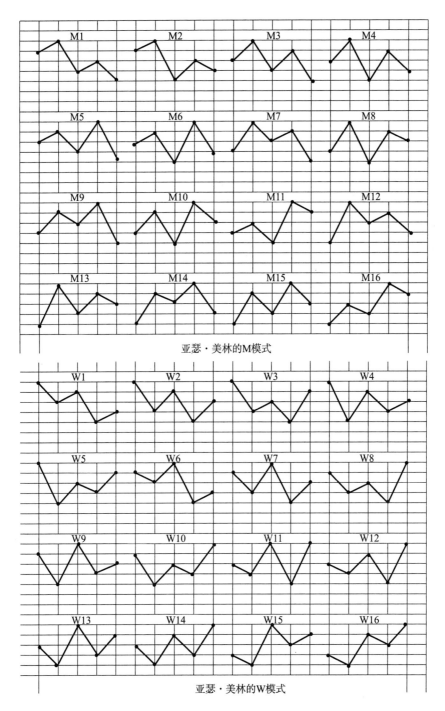

图 6-1 亚瑟·A. 美林的 5 点 4 线价格形态分类图形

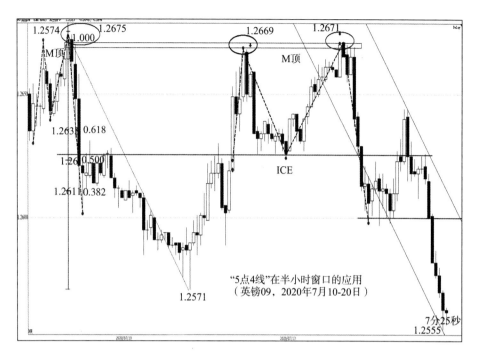

图 6-2 "5 点 4 线"在英镑半小时窗口的应用

　　下图是英镑最近三天的走势。做日内交易时，我习惯用半小时窗口，因为它更好地兼顾了及时跟踪和介入日内短线机会和发现日内趋势的变化。换言之。它比 5 分钟窗口更可靠，它比一小时窗口结构更清晰。上图是一个典型的头部反复震荡、主力完成派发后价格向下成功突破冰线（国内叫颈线）的范例。在最后一天，大家都已看明白这是一个三重顶，但是，"5 点 4 线"早就以两个 M 顶的价格形态暗示我们趋势已走到尽头，头部已经出现，区间交易的压力位和支撑位在哪里也已一清二楚。价格在区间的反复震荡是必然的，因为主力需要出货，我们唯一要做的事情就是睁大眼睛盯住价格何时向下突破。

　　为什么"5 点 4 线"这个模式这么引人注目呢？就是因为它提前暗示了我们最感兴趣的未来价格趋势大概率会怎么变化。价格至少走完三条线可以确立拐点，走完 4 条线就可以确立趋势，因为它和三根线构成的拐点一样，都是市场的基本结构。在"5 点 4 线"的模式中，低点 1 和低 5 点的高低暗含价格运动惯性的大小；而第 4 条线则是对形成拐点的第 3 条线的确认，而这又是形成趋势的前提。"5 点 4 线"模式经常用来确定阻力位和支撑位，而且还用来确定价格变化的速度。第 1 点和第 5 点之间，角度越大说明价格变化速度越快。反之亦然。利用第 4 条线和最后第 5 点的位置，参照前高和前低，还能有效帮助我们确定当下的压力位和支撑位。如果再用斐波那契数列或百分比指标来进行印证，那么对当下走势的预期分析会豁然开朗，避免许多不必要的失误。

需要说明的是，尽管每天首先进入我们视线的是价格形态这一工具，尽管这一工具简捷有效，但它不是万能的。优秀的短线交易者最重要的品质就是能够理解和接受任何事情都可能会发生的事实。即使是高胜算的形态也会失败，因为它会随着时间的推移而变化，所以，我们凭借价格形态暗示的预期入场之后，必须辅之以有效的管理，这一管理至少包括三个方面：如何在第一时间发现形态失败，如何设置保护性止损，如何退出一个失效的形态。

形态失败意味着趋势或将改变，后面的 K 线已经不再遵循原有的价格形态，说明走势难以为继。在日内交易中，5 分钟窗口的形态失败，往往预示它是半小时或一小时窗口价格形态失败的开始。这时候你要做的是：

第一，你需要严密跟踪价格，仔细检查当下最新的 K 线价格是否已经突破了以形态左侧低点或高点界定的支撑位或阻力位。

第二，你的止损位就是确认原有形态失败之时的价位，如果形态失败，就不要再犹豫，要在第一时间止损出局。

第三，失败的形态同时也是一个机会，因为在原有形态构成的狭窄的在支撑位（区域）或阻力位（区域）堆积着大量的止损盘，真正的突破都会引起量、价的剧烈变化，通过在触发止损的那个方向上果断采取顺势操作而获利丰厚。道理很简单，你的有效止损点其实正是交易者努力寻找、追求的拐点。

我们根据"5 点 4 线"中的 M10 价格形态，如图 6 - 3 所示：

解释如下：

首先，假设：图 6 - 3 是欧元/美元半小时走势图，价格在某天上午时段创下 30 个点的区间。乍一看它是个 M 顶，E 点是第 4 条 K 线的收盘价，位置大致在整个区间的"均衡点"，也就是 50% 附近。E 点高于 A 点，低与 B 点，很难说下一根 K 线会向上还是向下，因此这个价格形态就不能急

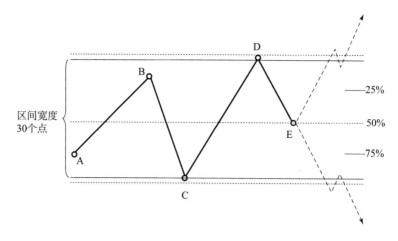

区间宽度
30个点

——25%

50%

——75%

图6－3 "5点4线"中的M10价格形态

于入场，有待观察。

其次，M顶归于看跌价格形态，假设从E点入场做空，那么理想的止损位应该设在25%附近，因为此时价格已经走完整个区间的3/4以上，承受风险的极限就是在D点的上方一两个点的虚线止损。如果价格测试支撑位（原来的阻力位D）成功，再次上攻，说明形态失败。

再次，如果价格形态预示你的方向下行，这时存在两种可能：一是测试阻力位（原来的支撑位C）成功，价格形态结束，价格发展成为单边下跌趋势，进入一个新的区间。

最后，在关键的支撑位和阻力位，一般价格都有回测。确认突破或者说一方控盘后，价格会朝突破的方向加速运动，而这时正是多翻空或空翻多、入场顺势而为的最佳时机。

图中的50%处也可以认为是斐波那契回调的支撑位，这说明菲波纳奇数列不仅用来衡量何处是支撑位或阻力位，它也往往暗示了价格重返该点时，会出现同向趋势和反向趋势。这是我们在交易中要特别注意的。

无论价格是向上还是向下，有经验的交易员用目测就可以预判出突破后的目标价位大约等于A点到E点之间的距离，这来自他们平时熟练运用点数图的经验。

四、看清潜在目标位：风险/收益比

看明白整体大势、潜在回调、市场情绪气氛、当下价格位置以及价格形态都是为了一个最终的目标，那就是更好地确定潜在的盈利目标位。因为目标位和其他的交易细节相关，有了潜在的目标才能事先评估交易的风险与收益，决定入场点和出场点，设置止盈和止损，并在随后的价格随机行走中努力做到收益最大化。

那么，未来的价格究竟能走多远呢？如果说，买在低位、卖在高位是交易的铁律，那么决定价格潜在目标位的首要任务就是找出有效的支撑位和阻力位，支撑位给你买入点，阻力位给你卖出点——盈利目标位。看盘走到这一步，这两者的重要性就马上凸显出来了。

价格总是以"波"或"浪"的形式反复循环发展，数波一浪，数浪一波。判断潜在目标位就是预判"波"的大小，"波"越大、持续时间越长，价格走得越远；反之亦然，只能快进快出。

短线价格更加混沌，因为它的随机性更强。每个交易者只能凭借自己掌握的信息，自己的交易系统、交易风格或交易周期，在不同的时间框架内来持续评估、辨识及确定每一"波"中产生的交易机会，如果考虑到交易主波段是日内交易的主旋律，那么能及时有效辨别关键的支撑位和阻力位的重要性就不言而喻。

许多人对支撑和阻力理解错误。支撑和阻力与画在图上的线没关系，无论是均线、黄金分割数列、百分比线或者其他的指标在图中所示的线，都不能单纯代表支撑和阻力。这些主观设定的线是怎么画的，你的系统中设立了多少个指标；你想用什么策略、达到什么目标位只是你的一厢情愿。

那么什么是支撑位？支撑就是在某个点位上，买方的力量超过了卖方的力量，需求超过了供给，或需求吸收了全部的供应，在支撑位上进入市场的买单大量超过进入市场的卖单。此外，是不是真的支撑位还要等待价格的二次测试。当价格再次回到这个价位时，立刻反弹，反弹的力度表明需求的质量或买方力量的强弱，由此我们可以判断出支撑位是否可能存在，更准确地说，在价格未来的运动中，买单的流入量是否会持续大于卖单的流入量？如果是一个关键的支撑位，价格很可能会多次回测这个点位，同时主力为了甩掉跟风盘，扫清这个点以下的止损盘，下跌的价格还往往会稍稍超过前期的下限。所以，无论是支撑和阻力，都不是一条单纯的线，而是一个狭窄的震荡区间，对外汇短线交易来说，很可能就是一两个点。

反之亦然。阻力就是在某个价位上抛售压力超过了买方的购买力，供给超过了需求，或没有足够的需求吸收供给，这说明在某个价位卖单流入量明显超过了买单流入量。同样，阻力位的确认也需要二次回试和多次测试。当价格每次回到这个价位时，我们都要仔细观察价格回落的力度，这个行为告诉我们来自这个价格的供应是否在扩大，即抛盘是否在增加。如果回落时成交量放大，K线从阳线变成阴线，且有上影线，说明前一根长阳是诱高陷阱，随着抛盘开始大量涌现，价格回落到上限（前期高点）之下，上方阻力被确认，向上突破变成冲高回落的失败。任何支撑位和阻力位的辨别都需要有一次和数次的价格测试，这一事实说明支撑位和阻力位都是我们在事后才能发现和辨识出来的。

对支撑位和阻力位的测试越多，横盘的时间越长，说明多空双方在这个价位上的博弈越激烈。在这个价位或这个价位附近，随着时间的推移堆积了越来越多的头寸，一旦暂时的平衡被打破，价格实现突破，被套方的平仓操作就成了对价格向上或向下的巨大推力，这时候"趋势"产生了，或者说，正是支撑位和阻力位的突破才有趋势—价格的方向性摆动和这种摆动的持续性。无论以何种时间周期进行交易，辨识支撑位和阻力位以及真假突破就成了一切成功交易的关键——不是准确捕捉那个"点"，而是及时跟上那一"波"。

实践中，用来判断支撑位和阻力位及真假突破的工具因人而异，对我来说，主要是成交量或者说价量关系。计算这一突破会使价格走得多远，最佳的工具非点数图莫属。而这两者是构建我的三维交易系统的重要两维。在下一章，我们将做详细讨论。

五、看清市场情绪：盘势预测

既然我们承认如何正确地解读人性及群体行为才是技术分析的全部要旨，那么，无论从哪方面说，"市场情绪"都应该成为关注焦点。市场是什么？市场就是信息或价格与交易者之间的彼此互动，就是人性的持续表演。逻辑上，首先是在空间背景下价格展示出形态和大小，在时间背景下展示出变化的速度，这两者均源自交易员的敲击键盘的指令；同时，这两者又作用于交易者的心理情绪，令交易者再次做出反应。市场的这种反馈机制是自我加强的，从这一意义上说，高手看盘就是利用市场情绪赚钱。

　　一个最简单明显的事实就是，消息包括基本面消息——其确实会对市场产生重大影响，是引发市场大众进行狂热买入和卖出的催化剂。重要新闻和消息的发布使市场参与者急于重新评估市场形势或价格走势，并尽快基于从新信息中获取的评估和预期对持仓做出调整。消息引发情绪波动，情绪波动引发市场操作，后者会在图表上表现出来。专业交易者要更深地了解那些专注基本面分析或技术面分析的不同群体的不同心理反应模式。短线交易者更要确信"市场无所不知"，"消息和突发事件迎合主要趋势"。技术分析是一个价格未来发展的预期机制，是对已经发生过的事情的贴现机制。"聪明钱"总会试图提前埋伏好来利用人们在消息公布时做出的情绪化反应，当利好消息被公布时，通常是大众从专业人士手中买入；当利空消息发布时，又将手中的筹码卖给已经等在那里的专业人士。"聪明钱"还会在牛市暂时性回调时买入，在熊市时利用短线反弹卖出。

　　主力操纵的强势市场则无视消息影响。跌不言底，上不封顶。质疑声中攀升上涨反而越快；熊市则无视利好消息，继续沿着希望破灭的通道跳水，或充其量只做出有限的反应。

　　信息化时代使信息可以在瞬间传遍世界每一个角落，这将成为多数缺乏自我约束的散户的最大噩梦——缺少经验，未受过专业教育，又总是蠢蠢欲动，这些人最有可能因新闻头条或聊天室留言而心神不定，最终市场会用亏损叫他们安静下来。总之，专业人士每天都对市场情绪进行事先把脉，做足功课；而散户却缺少分析，不知所措，易受市场情绪的感染，做出羊群反应。

　　度量市场情绪有多种指标，对我来说，度量市场情绪最靠谱的指标就是成交量，对短线交易来说更是如此，因为它与价格同步。但是，就像我们已经讨论过的，外汇市场不存在真实的成交量，我们用期货市场的交易量和三大类型交易者的持仓量来做替代，但在实践中更有用的是交易平台的经纪商提供的跳动指数"tick"。不同的经纪商和做市商，其基础条件不同，提供的速度和数据的质量就不同。但这不妨碍场外交易中的实际应用，在同一个经纪商平台上，用同一个时间框架去衡量 tick 值，总是可以看到近似准确的"成交量"变化的。

tick 衡量的是任一时刻汇价上跳或下跳的数量之差。交易者在一个低于之前价格的价位上卖出，就形成一次下跳；交易者在一个高于之前价格的价位上买入，就形成一次上跳。通过比较货币对汇率成交中的上跳和下跳的总量，我们可以得出一个数值，它可以告诉我们在任一时刻，买家和卖家有多强势和弱势；通过追踪图表上的 tick 数据，我们就可以了解一天之中这个强弱状态发生了什么样的改变。具体做法如下：

第一，日内交易就是将一天的 tick 做成图表，供我们分析、跟踪市场情绪。当 tick 少见地以极值收盘，并在一个趋势中已经相对较长时间没有出现了，那么，这个收盘时的 tick 值就可以成为日内交易短期转折的预警。Tick 数据一般都会落在 +1000 和 −1000 之间，但并不局限于在 1000 这个数值，在熊市中，我们几乎每天都可以看到 −1000 甚至更低的数字。

第二，我们还需要注意 tick 数据在最高值和最低值之间的对比，如果 tick 数据在正的一边碰触到了 100，在负的一边，始终停留在 300 之上，那就表明当天的行情是牛市。任何时候，当天高点和低点之间的平均值高于零就表明走势处在强势上涨中。当 tick 停留在高于零的较高的水平时，说明这一货币对相对其他货币对走势更强，会产生的回调幅度也会更小。在一天内，tick 一直待在零线上方，表明最后收盘一定是一根较大的阳线。

第三，日内交易的短线价格上上下下极为混乱，tick 数据在整个交易日中会上涨和下跌许多次。我们从 tick 数据中想要收集的是极值高点和极值低点落在哪里，以及平均值是高于还是低于零，随着时间推移，是否会继续形成更低的低点和更高的高点，也就是说，我们需要对通常非常混乱的 tick 值的未来走势做出预判。

第四，最后，我们检查所形成的更高的高点和更低的低点，并将它们跟市场实际的价格走势进行比较。例如，你可能看到就在当天市场形成最低的低点时，tick 出现了一个更高的低点，这是市场趋势发生改变或将改变的迹象。接近中午和尾盘时，看到这种情况较为常见，包含的信息是虽然趋势持续，但是却有越来越多的卖盘进场。

很明显，tick 的用法和相对强弱指标很相似，区别只是一个是交易量指数，另一个是平均价格指数。和相对强弱指标一样，tick 数据可以用来预判其走势和价格走势是否存在背离。

跟踪和判断市场情绪，我们更常用的指标是波动率指标 VIX。VIX 源自衡量期权买卖的内在波动率。期权定价中唯一不确定的就是做市商之间的买卖报价，报价大了说明做市商风险偏好降低，要求的风险回报边际提高了，这就提升了期权价格。运用各种主要外汇期权得出的波动率指标，纽约联邦储备委员会每月公布一次，境外一些平台还提供日内的波动率指标 VIX。把这一指标的走势图叠加到你的价格图表上，是一个跟踪盘中趋势变化的很好的工具。

波动率指标已成为流行的监测市场情绪的晴雨表，VIX 高值说明市场风险偏好降低，价格波动增加，恐慌情绪蔓延。那么，如何判断 VIX 值的高低？目前还没有统一的说法。一般来说，低于 10 是低的，高于 20 是市场情绪剧烈波动的征兆。当我们要对市场情绪做出更为准确的判断时，必须将 VIX 和图表上的价格形态进行综合分析，比较相对变化，尤其是在价格达到支撑位和阻力位时，看它达到了多大数值。

此外，我们简单提一下看跌/看涨比率，常用的简称是 P/C 比率。像波动率指数一样，期权看跌/看涨比率是另一个市场内部的反向指标。在看空情绪增长时它走高，在看多情绪增长时它走低。一个期权看涨/看跌比率的数值就是将卖出总量（看跌卖盘）除以买入总量（看涨买盘）。这个概念说明事实上存在着几种看涨/看跌比率，大部分是对照对冲交易的。这个比率倾向于反应个体投资者的情绪，对于能够逆向思考的投资者来说，这是一个很好的测量仪，他可以知道大部分个体投资者在做什么。

其实，只有当市场充满重大不确定性时，市场才会变得最为复杂，市场情绪也会变得更为动荡不安。情绪化的市场参与者读遍各类消息报道，试图寻找澄清事实的线索，而它实际上并不存在。这时的交易者要有定力，要学会专注于价格。如果价格走势不够清晰，就耐心等待以后低风险介入点的出现。

作为交易者，要时刻牢记自己的本分就是博弈赚钱，客观观察交易对

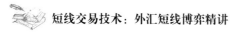

手的情绪反应、信息来源、解读信息的方式以及情绪波动的强度，因为接下来这种情绪波动就会产生市场中的价格失衡，价格也会快速发生变化。利用这种供求不平衡所造成的趋势性走势获利就是我们唯一追求的能赚大钱的"顺势交易"。让我们把对市场背后原因的追究留给不懂也从不交易的媒体人和一直躲在象牙塔里做文章的理论家们吧；以交易谋生只需读懂图表，尊重市场，跟着价格走。

第7章

操盘：建立你自己的交易系统

操盘的基础是你有一套成熟的交易系统。对外汇短线交易者来说，建立自己的交易系统重要性不言而喻。交易系统是一套客观、有效、逻辑清晰、使你能持续盈利的方法。它的建立是经过交易者长期摸索、构建、测试、优化，再经过实际使用检验、修改而成的。这些过程都带有交易者强烈的自身特点，不同的交易者有不同的交易哲学，不同的交易经验，不同的认知能力，不同的教育背景，不同的性格特征，不同的行为能力，不同的心理素质，所以每一个交易体系都是交易者的"独门绝技"，带有强烈的个人风格。

交易不存在"圣杯"。无论是基本分析交易系统还是技术分析交易系统，是主观性的还是程序化或量化交易系统，都是你选用自己喜欢的方法和数据指标精心编织的一张渔网，本质上都是一种"姑妄言之"。无论觉得自己的系统多么优秀，你都要保持一份清醒，保持足够的灵活性，随时准备纠正系统出现的差错。好的系统总是将理性的慢思维和交易的快思维融为一体。本质上，交易不是"科学"，而是一种"手艺"，这种技艺不可能单凭读书就能获得，也不可能不向市场交学费就唾手可得。只有刻苦钻研，严谨博学，持之以恒，你才能最终修得正果——形成适合自己的可靠、有效的交易系统，这是职业操盘手为之奋斗的终身目标。

让我们先对构建交易系统的一般原则做个简要的讨论。

首先，真正有用的交易系统是买不来的，那些在网上到处吹嘘的高概率交易系统无非是买通了内幕消息做出来的虚假软件。交易系统必须是由交易者自己开发出来的。

开发系统就要选择指标和参数，流行的指标和参数太多，如何选择适用自己的指标和参数就成了个人投资者的第一个障碍。其次，如果要求人人都会开发指标和工具那就太不现实了，在构建研发一个系统的过程中，绝大多数人总是使用前辈们创造出来的一些自认为有用的指标和工具，并按照自己的喜好加以调整后使用，因此，选择能力就成了决定性因素，而这种能力基于你对这些指标全面深入的理解和在实践中检验的程度。现在流行的指标已经足够多，你若能从近百个指标中选出那么几个，且在实践中证明它们持续有效，你就可以开始动手架构自己的交易系统了。指标和工具可以是借鉴别人的，但体系框架和内在逻辑必须是自己独立思考和研发出来的。任何成功的交易系统都要适合自己的个性，实际运用有得心应手的效果，实际结果符合持续稳定、盈利合理的基本原则。

交易系统的核心目标就是使以后的收益具有稳定性。没有稳定就谈不到持续盈利。万事万物都在变化，金融市场的交易条件和交易环境变化得更快，所以我们允许并且的确需要不时地对系统"微调"；如果还在构建过程中，允许对系统进行较大的修改甚至推倒重来。但是，一旦建立完毕，就应当是一套较为稳定的交易系统。因为从长期看，交易系统不仅应该满足持续稳定的收益最大化目的，还应该对交易业绩的波动性、收益率的大小都应该具有一定的统计上的稳定性。交易的核心是要解决何时买，何时卖，设定了产生信号的条件就不能有较大的随意性，不允许较大的修改，如频繁修改只能说明你的系统还在建设中而没有成熟。

最后，用来建立交易系统的指标和工具必须是百里挑一、在长期的实践中经过检验的，不是可有可无，而是系统中不可或缺的、"正好是它"的那一维。简单是一切好的交易系统的特征。

任何指标或工具单独使用时都不是绝对完美的，构建系统就是要把你认为中用的指标有机地结合在一起，使它们能够在任何时候、任何类型的走势中，不但独立分析使用时有效，更重要的是，放一起综合使用时大多时候能够发出更清晰的交易信号。通过系统指标群的相互印证，你就能够获得体现主力意图和市场情绪的全面、深刻认知，因为满足条件时系统给出的交易信号中早就嵌入了你认可的内在逻辑。

真正有效的交易系统还有一个明显的特征，那就是它不仅在你熟悉的市场上使用时有效，而且在所有市场、所有时间周期里使用都有效。也就是说，系统捕捉交易信号的条件普遍有效。这种有效性从根本上说，是建立在你对市场本质、交易者行为习惯已经具有深刻认知的基础之上的。

识别系统的有效性具体有四个指标：

第一，系统的胜率是多少。交易次数上如果是赢多输少，那么买卖条件设置得越充分就越能提高交易的准确率。

第二，系统的盈利能力怎么样。系统的盈利能力主要通过对相对大的机会的把握能力的掌控来体现的。好的交易条件设置能及时辨识出交易标的的技术特征，这就增强了捕捉大的交易机会的能力。

第三，低频率/高收益。一般来说，买卖条件越容易被满足，交易次数就越多，交易频率就越高；相反，买卖条件越不容易满足，交易次数就越少，交易频率就越低。但是，好的交易系统追求的是低频率高收益，也就是说，一旦满足条件出现有意义的信号，交易的盈利周期相对较长，我们所谓的风险/收益比就比较理想，暗示你付出的交易成本相对较小。

第四，简单而实用。简单的不一定有效，但有效的一定简单。系统简单，界面友好，操作便捷，就能有效提高交易的成功率，这是常识。

有关如何建立交易系统的书可谓汗牛充栋，用来构建交易系统的技术分析工具及其组合使用的方法更是不计其数。当下，总的趋势是技术交易的重要性越来越凸显，这是电子化交易时代的必然趋势。尽管泥沙俱下，鱼龙混杂，在实战中，经得起时间考验、相对有效的分析技术也就是那么几种。由于对技术分析工具（指标）的选择与使用见仁见智，充满争议，鉴于此，我现身说法，直接把自己的交易系统拿出来作为一个案例，来阐述自己的观点和实践操作。

经验表明，由趋势指标与震荡指标组合而成的交易系统在实战中最富效率。我的交易系统也不例外，如果说有什么不同之处，就是我对自己的系统一贯要求简单、简单、再简单——大道至简。但要创建这样一个简单、实用、有效的交易系统，就必须首先彻底理解，再相互比较，最后才能挑选出究竟哪些指标最有用，判断它们的有机组合能否预先对价格未来变动给出清晰的有效信号。"预期"是一切技术分析或交易的精髓——我们要的不是"事后诸葛亮"式的图解。

今天，我们在这里讨论的是"外汇在线即市交易"，这是全球金融市场中速度最快、风险最高的交易游戏，这种交易有其独特的短线策略和交易技术。我的系统应用在这一领域时同样有效，它还是三个指标，只不过我对它们的参数做了一些微调，使它们能更好地适应日内短线交易那种更简单、更快速、更精准的风格。"更简单"就是系统简单，策略简单，操作简单，目标简单，有了这4个"简单"才能做到"快速"：快速思维，快速决策，快速进入，快速退出。"精准"则是整个交易过程始终追求的终极效果：对行情精细入微的把握，对进出点位的精准拿捏——这是交易的最高境界——有效系统 + 敏锐直觉。

一、"铁三角"：构建你的日内交易系统

回想起来，我的交易生涯已经走过近30个年头，我的交易系统从它诞生的那一刻算起至今也快30年了。前10年只能算是学习阶段，潜心研究，选择指标，构建框架，不断修改，最后定型。后20年主要是在实践中坚持使用，不断检验。时至今日，系统基本定型了。

我称自己的系统是"铁三角"——它只有三个维度或者说三个指标。三个维度就是价格、成交量、时间（或价格变化速度），我从这三个维度来综合分析预判行情走势。相对应地，在代表这三个维度方面的指标板块中，我最终选出3个中意的指标或分析工具：量价关系、点数图、相对强弱指标（RSI）。

现在的我，已习惯把"价"和"量"合在一起用，我称这种价量关系为"超级指标"。有时想来，现在我好像只凭"价量关系"在交易。有了这一超级指标，看趋势只要扫一眼；看盘口用的时间多一些，有时用它跟踪分析三五根K线，对价格形态进行有效印证。收市后的复盘和开盘前的再复盘，有时我会盯着屏幕，一个人静静地坐上一两个小时，用这个超级指标（记录在案的数据）对盘口做预期分析。

我最青睐的第二个指标或者说分析工具就是点数图（又称圈叉图）。这是一个最古老也最有用的指标，它的优势就是在辨识支撑位、阻力位和目标位上具有惊人的精准度，用来分析长线、中线或短线的趋势、波段、突破、价格能走多远得心应手。点数图的另一个优点是颇具灵活性，在任何时间周期内都可使用，并可和许多分析工具同时使用。这一工具的"暗

箱技术"是如何精准地定位它的 box 值，这因人而异，且往往秘而不宣，这也是国内绝大多数交易平台上没有这种图表的原因。我一直坚持手动画出不同周期的点数图，这种坚持使我获益匪浅。

在震荡指标中，我选择了 RSI，就是大家熟悉的相对强弱指标。RSI 也被称为动量指标，从称谓上你就可以理解到，动量指标总比趋势指标有预测上的提前量。对 RSI 来说，主要体现在它与价格之间产生的熊市背离和牛市背离，这时，它发出的交易信号一般有 1/4 的提前量。因为有提前量，它能使你及时捕捉拐点，这一特性也就使它更适合外汇短线交易。

上述三个指标，单独使用已经足够强大，每一种指标都有大量阐释性的书，我把三者合在一起，用调试过的参数，构成了符合自己交易风格、简单而又实用的系统——一个名副其实的"铁三角"交易系统。我相信我的系统不是完美的，因为它有出错的时候。其实这不是我的错，而是应该归结于行情的随机性。正如康德曾说过，世界永远不可能成为我们的认识对象。

下面，我从实践角度进一步具体地来解释这三个指标在系统中扮演的角色及发挥的作用。

二、测度人心力量的工具：成交量

对金融市场和金融交易的认知其实源自你的哲学立场和对这个世界认知的深度。在进入这个行业之前我已有过严格的哲学训练，这使我入行不久就敏锐地感觉到书本上学到的东西和我要以此谋生的事似乎风马牛不相及。不读那些书能否交易？回答是完全可以。在这行里晃了好几年，最后接触到威可夫的理论和方法，我才觉得茅塞顿开。他的方法和理论不是绝对真理，但在所有的交易理论和方法中，这是唯一最接近市场真相的理论和方法。威可夫的投资哲学只有一个核心，那就是价量关系，它的基本精神是人性论、心理学和博弈论。自然，它很快就成为我的投资哲学的唯一载体。

K 线源自 200 多年前日本米市的期货市场，直到 19 世纪 90 年代，才被西方的交易者所采用。K 线用柱状图来表示价格，包含 7 个价格元素，因此在分析上要比传统的美国线图更具优势。美国线图的优势是简洁，它只有 3 个价格元素。成交量作为独立的分析指标，源自 100 多年前美国华尔街梧桐树下的那一小撮股票交易者，他们把每个价格上的成交量涂鸦在黑板上，供交易者参考，这就是点数图的源头。所以，无论是 K 线还是成交量都不是什么新鲜事物。强调价量关系是"东西合璧"，当我们将两者彼此对照、印证用来解读趋势或当下的盘口时，无论是价格还是成交量，都会比单独使用它们时显得作用更大。根据我的偏爱和使用的经验，我将价量关系这种密不可分、鞭辟入里、相得益彰的关系定义为"超级指标"，它是我解读一切价格图表的原则和基础，是我洞察主力意图、市场情绪、交易者行为结构的最强大的工具。

从现实性和重要性看，价先于量。这是因为价格是一切分析的起点和基准，同时又是计量交易盈亏的唯一现实基准，而这成交量做不到。价格的变化、高低、快慢还有重要的波动率的含义。它和成交量一样，在单独使用时都可以预示价格的未来走势。市场中的一切消息、主力意图、公众情绪和买卖行为，最后都转化为用真金白银标出来的价格，价格是市场中唯一的"真实"，也是交易者唯一的遵循，所以我们常说"价格为王"。在 5 分钟以内的窗口里进行短线交易，你不用或者说来不及用成交量这个指标也可以完成交易。K 线是价格的载体，含义丰富。最简单的市场结构用 3 根 K 线的就能解释，并能向你透露下一根 K 线可能如何变动的信息。如做日内趋势的资金把 5 分钟窗口的价格波动视为噪音，自然不需要再用价量关系来做解释。

图 7-1 剖析了一根标准的上涨 K 线，它向我们解释了怎样获得信息的过程。任意一根 K 线都包含 7 个主要信息或元素，分别是开盘价、最高价、最低价、收盘价、上影线、下影线以及实体。如图所示，一方面，在相应的时间框架内，每一个元素在分析价格行为时都起着相应的作用；另一方面，当我们使用成交量再加以验证时，影线和实体最能揭示市场情绪。

解读 K 线是让市场行为可视化的最简单的办法。无论是在短期还是长期，从跳动点到月 K 线，价格行为都表现为一个不断循环的正弦波，行情上下震荡，呈现出受独立思考或情绪驱使的买卖双方反复博弈争夺市场控制权获利的动态过程。

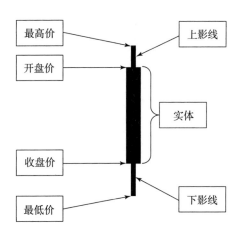

图 7 – 1　承载各种信息的价格形态

下面用图 7 – 2 对一根 K 线进行更微观的内部结构剖析，实践中，我们习惯于关注价格在时间框架内走完的 K 线形态。在这个例子中，尽管整体上是根阳线，买方占主导，但从 K 线的微观结构看，它从开始到最终形成往往有不同的过程，存在多空博弈的多次反复，这才是问题的关键：价格实体的大小告诉我们价格趋势的强弱，上下影线的长短告诉我们市场情绪波动大小。在短线交易中，对半小时和 1 小时窗口分别对这根 K 线进行这种微观剖析，在收盘时我们不仅读懂了究竟谁已控盘，而且也明白了这根 K 线在时间框架里多头和空头大约各自堆积了多少头寸。

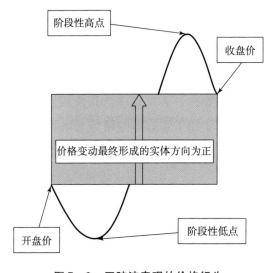

图 7 – 2　正弦波表现的价格行为

K线实体的高低由开盘价和收盘价之间的距离显示出来，无论是牛市情绪还是熊市情绪，都取决于收盘价是高于还是低于开盘价及价格运动的距离，高实体预示着强烈的市场情绪；低实体则预示着市场情绪低落；没有哪一方的情绪特别强烈，一般情况下，连续的短小实体相对应的是价格无方向的震荡走势。

　　市场的情绪是循环变化的，有时候加速变化，有时候缓慢变化，市场情绪从低到高，从犹豫不决演变到走向极端，这种关键变化的速度与强弱直接体现为实体上部和下部的影线及它们的长短。如果在一个连续快速的下跌中，当第三根阴线出现后半段价格急剧抬升，最终收盘时形成一根大于实体一倍还多的长下影线，说明市场正在恢复做多意愿，已有买盘入场，随之而来的就是一波强劲的触底反弹。如果一根阳线的实体上部和下部均无影线，代表市场追涨情绪始终十分强烈。如果收盘价出来后K线出现一个射击之星的形态，那么，我们说在这根K线的交易中，80%以上的做多者已经被套，接下来那根K线的行情很大的可能是"一根稻草就能将骆驼压倒"。

　　在对日K线和小时K线的分析中，我们发现所有单根K线的内部结构其实都很复杂，即使是相对简单的单边趋势也是以大小各异的"波浪"形式向上或向下伸展，涨跌幅越大，盘中就越有可能产生大幅回调。如果K线有一根较长的下影线，一定是市场开盘后卖方控盘，价格向下运行较大幅度，但是随着时间的推移，买方力量逐步超过卖方，收盘时价格反弹到开盘价附近；或者相反，先有一根上影线，开盘后市场价格上涨，但是收盘时回落到开盘价之下。在日线和小时线的时间跨度中，往往包含反复地上升与下降，回撤和反转。

　　怎么样才能更好把握价格的随机性呢？显然仅靠价格行为的本身来揣摩未知领域是不够的，它无法准确告诉我们哪个时点价格可能触及最低价后反弹，或者触及最高价后回落到最初的水平，这影响到我们的决策：何时入场，何时出场。一根K线走完形成一个固定的价格，已成为历史，单独的一个固定价格，无法向我们透露有关未来的可靠信息，更何况即使同一个系统只要时间窗口不同，发出的信号就不同，这时成交量的作用就凸显了出来。只要有了成交量，我们就能有较大把握回答上述这些问题。通过量价关系读懂 K 线实体与其上下影线之间的联系是理解相对时间里价格行为的关键。这一分析反映出市场的真实情绪、参与者的类型及力量对比的变化，通过这一分析，我们可以获得价格未来运动的暗示。

如今越来越多的机构订单是通过技术复杂的运算法则协助执行的，其中很大比例的算法交易是建立在成交量加权平均值的基础上的。为了避免完全依赖于优秀的主观型交易员进行交易，银行、券商以及越来越多有能力的客户都创造了交易执行运算法则，试图获取更为有利的交易定价。成交量通过其中一些交易运算法得以自我强化，因为在这些运算法则的构成中，重要的变量之一就是在一天当中，订单能在较好执行的同时，在对市场冲击最小的在同一时段内完成一定比例的定量单。

图 7–3 显示了日元/美元三个正常交易日的日内交易量，同时显示了这一货币对汇率在半小时窗口的成交量分布。由于短期日元为牛市（因为美元是被标价货币，在价格走势图中，日元升值表现为下跌），成交量明显的一个特征就是关键点位的暴跌成交量都会迅速增加，成交量柱的高度几乎等于均量的三倍。对个人交易者来说，免费交易软件提供的成交量图

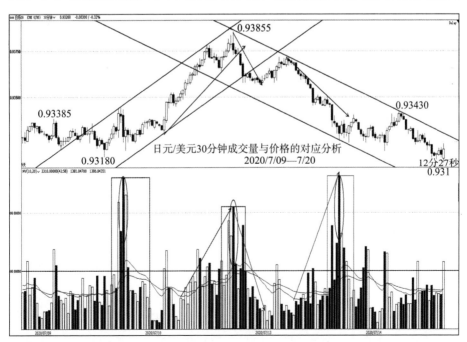

图 7–3　日内交易成交量分布（日元/美元 30 分钟成交量柱状图）

/表已经够用。成交量这么重要的一个指标，希望站在市场正确一边的每一位投资者都应该喜欢它，熟悉它，娴熟地运用它。

我们继续讨论包括日元/美元汇率三个 24 小时的成交量分布图。不看价格，扫一眼成交量你就知道这中间存在多个交易机会。现在，假定你是一个日内波段交易者，以 30 分钟线图为主窗口，你须要每时每刻都盯着下方成交量柱与上方 K 线柱之间一一对应的变化，这时，你就不仅仅是在印证价格变化是真是假，更重要的是，你已经读出了可以进入的时点。

图中的中间横线就是成交量加权平均值，在我的系统里一直把它标出来，以方便随时比较。其实更真实的成交量信息是右边竖轴的百分比给出的 75% 处的那根横线。随着时间的推移，K 线实体或大或小、上下影线反复变化，你也能在成交量柱的相应变化中读出那些对于入场来说至关重要的信息：当下市场情绪倾向于哪一方；主力入场了吗；控盘了吗；这根 K 线的下跌走势还能走多远？这时成交量增加的速度就成了关键。如果这根 30 分钟的成交量柱在 10 分钟时其高度已经超过了平均成交量或达到前一个 30 分钟成交量柱的一半以上，而上方的 K 线在这时也快速创出新低，说明巨量抛盘出现（主力看多日元、做空美元的决心坚决，目标明确）。不仅如此，市场一边倒了；大量跟风盘的涌入在推低价格，被套的多头由犹豫变成恐慌，卖出平仓的趋势正成为把价格迅速推低的另一个重要力量。这时的你，能清楚意识到剩下的 20 分钟就成了自己进行低风险高收益的波段交易的最佳时机。接下来只需勇气——大胆跟进，果断入场，至少做空的仓位可以一直盈利到整个 30 分钟 K 线结束，因为整体行情处在熊市（日元升值）中，图中显示这样的机会在三天中至少每天有一个。

成交量最重要的功能就是能够识别主力进行的市场操纵行为。在交易中，最大的问题是存在市场操纵。市场中什么事情都可能发生，价格瞬息万变，真假难辨。价格形态连同走势曲线都可以是蓄谋已久的人为的"作品"。"最真实"的价格可能就是最可怕的陷阱。市场操纵的概念就是利用拥有的所有资源，引发散户的贪婪与恐惧，这也意味着使用媒体中的每一条新闻影响买盘与卖盘，进而使得市场向局内人所希望的方向运动——出现头部派发筹码时的追涨，或低价吸筹阶段的下跌。"聪明钱"或者说主力资金可以短时间掩盖一下自己的交易踪迹，但无法掩盖成交量，一旦他们参与买入就出现了高成交量，一旦他们参与卖出同样也出现了高成交量。没有他们的参与和认同，成交量就萎缩，市场就失去方向，行情就出现震荡。这就是成交量在读懂主力意图方面如此有效的原因。在实践中，当承载信息的价格和承载解读的成交量合在一起使用时便会产生无与可比的效果。成交量和价格彼此对照，印证使用，就成了我们理解主力意图、市场情绪及市场行为的唯一有效的利器。

为了对成交量有更直观的印象，图 7 - 4 再以走势比较复杂的牛市头部为例。牛市头部的复杂结构源自主力手里有巨额筹码分批出货，它们需要卖在高处，达到收益最大化。在主力周密策划的出货区间，价格一定会大幅震荡，受贪婪和恐惧支配的散户基本上扮演的是接盘的角色。当主力完成筹码派发，价格就会突破"冰线"或者说临界点，不再回头。一旦价格被确认摆动到一个新的价格区间，这时所有被套的头寸分崩离析，没有人再心存侥幸，集体夺命出逃的结果就是价格加速暴跌。从图中我们看出，只要主力出货就放量，只要价格拉升就缩量，这种规律性和上方的价格走势一一对应——主力在震荡中分批出货的意图和操作手法一目了然。

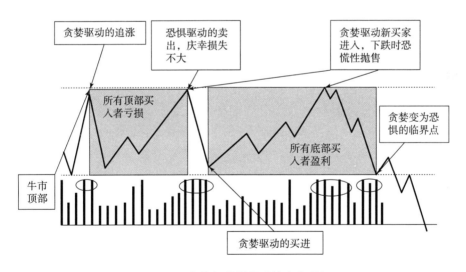

图 7 - 4　贪婪与恐惧驱动的牛市顶部

成交量在技术分析中的地位举足轻重是因为它的普遍有效性，因为有了成交量才有趋势。成交量以仓位或头寸的形式不均匀地分散在各种价位上，这种固化的头寸群会受新的量价关系影响而分化瓦解，主导新行情的力量与固有头寸群的分崩离析就共同创造了三种最常见的行情模式："加速"（下跌）、"吸引"（上升）、"抵抗"（横盘）。

成交量是度量市场情绪、理解市场行为结构的利器。当价格渐渐离原有头寸群而去时，最后入场的交易者进去就会输，所以也就最先想逃避下跌的损失，于是开始抛售平仓。当价格进一步下跌时，原有头寸群持有者也开始害怕亏损，加入卖方，这加速了行情下跌。当抛盘渐近枯竭时，套利盘乘低入场，最初的买盘会产生将行情拉回原头寸群价位的作用，接着是获利回吐的加入，再接下去就是平仓止损，这几类买卖行为共同产生了"吸引"（行情反弹）。当行情接近上方或下方套牢盘时，亏损头寸与被套头寸已无精打采，无心恋战，只好割肉或解套了事。如果买盘或卖盘冲破阻力位或支撑位并有回撤和回调确认，那么，我们可以认为新的趋势确立了。

成交量给了我们市场中多空两大阵营买卖意愿迫切性的最真实信息，而这正是我们用来决定下一步采取何种行动的最根本依据。成交量越大，说明这种意愿越强烈，市场压力也越大。一旦获得成交量信息，那么根据头寸群的多少及其比例、位置关系，就可以判断出市场中多、空力量的对比及大小，据此，我们可决定进出场的时点，做出止盈、止损、增仓还是减仓的判断，或暂时等待，或为下一步可能采取的行动做好准备。

在技术分析中，价和量整体上被视为一个指标来使用会产生相互印证、相得益彰的更好效果。价量关系是对供求关系最直接、最准确的解释，职业投机家深谙此道，据此，他们或推波助澜促成群羊效应，或顺势而为及时脱身，或反向操作起跑在枪响之前。作为散户的我们应该向他们学习，也用价量关系揣摩他们的意图，"以其人之道，还治其人之身"，因为价量关系可以向我们诠释主力意图、市场情绪和交易者想交易的迫切程度，若成交量与价格走势一致，我们就可以确信价格走势。

三、外汇交易中的成交量：tick

现在，让我们再回到外汇市场。如前所述，tick 可以用来揣测市场情绪，但它本身也不是完全真实的。场外市场最大的问题就是它并不存在真实的成交量报告，所有正规经纪商的在线交易平台显示的不是真正意义上的成交量，而是跳动点的总量。用跳动点的量来替代真实的成交量并不客观，在每 1 微秒里有无数的在线做市商、经纪商提供不同的报价及订单量，每一次报价就是一个跳动点，欧元/美元从 1.1170 跳到 1.1171 代表 10 手订单还是 1000 手订单，谁都说不清。这些跳动点所代表的订单多数自动撮合成交，如最后实际交易量为总量的 90%，因此，聊胜于无，我们把跳动点的总量视作近似的真实成交量。

跳动点数据的质量取决于多个因素，其中一个重要的因素是依赖经纪商是否使用一种昂贵的全额反馈系统，将数据直接接入银行间报价平台，事实上，大多数合规的经纪商都能提供高质量的反馈。另外，跳动点的数据可能存在欺骗性，做市商明白成交量的重要性，有时候会故意将成交量（储集头寸）的数字隐藏几小时后再发布。尽管如此，在价格快速变化时，跳动量还是很有用的，我们可以用来推断跳动量背后的实际成交量，要证明这一点，只需要在一条重大消息公布之后，观察跳动点图的变动即可。比如，在美非农数据发布之前，跳动点的成交量只有几千手，在消息发布时以及消息发布后的瞬间，跳动点成交量可能会高达数万手、十几万手；同时，美元指数波幅也高达一两百个点。这里极少有商业盘的对手交易，有的只是银行做市商之间的互相撕咬，这时候所谓的"交易活跃度"或"市场的流动性"只能是单纯而简单的投机买卖行为——电子化时代高频交易杰作，一两秒钟的成交量抵得上过去整整一天你死我活的博弈。

跳动量和成交量毕竟有区别，但在下述三种场合，外汇现货的跳动量和成交量的含义一样。

第一种场合：交易日结束时，交易者通常都会减仓，如果收盘时跳动量高且伴有常见的回调，那么就意味着隔夜仓较少。如果交易者不愿降低太多仓位且跳动量又低，而当天的收盘价贴近当日的最低位或最高位，那么有望下一交易日的汇价不会改变方向。

第二种场合：跳动量与汇价之间的背离值得关注。有时跳动量小幅波动而价格剧烈波动，或者跳动量很高而价格半死不活，这种量价背离意味着多空僵持，预示着不久就会有方向性突破。

第三种场合：当跳动量与实际成交量都增加，同时价格趋近于像支撑位/阻力位、高点/低点或斐波那契数列那样的重要点位（这些点位往往被交易者视为基准，用来止损和获利回吐）。如果跳动量没有跟着价格一起明显增长，意味着这些关键点位很容易被突破，突破后跳动量/成交量就会正常增加——趋势被确认。

机构分析师几乎是不顾一切地搜寻市场情绪信息，不辞辛劳地查询现货零售经纪商，查问零售交易量或期货交易量，他们认为数量可以显示交易者做多或做空的意愿强弱，从而预判行情会持续还是会逆转。在考虑成交量时要反向思维——有涨必有跌，有跌必有涨，除了有重大事件冲击时我们可以跟风交易，在其他情况下，要警惕超买、超卖，否则一进去就可能被套。

"超级指标"价量关系在技术分析中的地位是独一无二的，无论何种趋势、何种时间级别的分析，它是唯一一个能够准确反映市场情绪、供给、需求现状的指标，这在外汇短线交易中也不例外。关于量价关系的要点可以归纳如下：

第一，用价格上行或下行过程中的成交量大小比较买入或者卖出的成本与收益。

第二，用 K 线图的宽窄程度辨识价格运动的速度是快还是慢。

第三，在 K 线图的价格区间内，用价量关系考虑收盘价的含义及收盘价的相对位置。

第四，用价量关系分析多空力量的相对变化及变化程度大小，尤其要注意力量减弱的是多头还是空头。

第五，在支撑位和阻力位被突破之后，弄清楚是否有成交量跟进，成交量是大还是小，其中包括"触底反弹"和"向上突破失败"的概念。

第六，弄清楚回调的位置是落在成交量大的区域还是价格加速上涨或者下跌的垂直区间。

分析的焦点应集中于价格与趋势线、通道、支撑位/阻力位的交叉点，这些情况下通常都会出现最有价值的量价"故事"。比如，在暴跌过程中，最后一小时出现震仓，往往是最后一个低点出现后迅速形成反弹，收盘后形成一个带长下影线、涨幅很小的 K 线，要辨识这根 K 线的含义，必须通过成交量；成交量很大，说明趁低吸纳和获利回吐叠加，买盘很大；如果下一个一小时线，成交量继续放大，收盘价超过前一根线的最高位，那么，反转成立，拐点出现，下跌变为止跌反弹。

四、校准精度的最佳工具：点数图

现在来讨论我的交易系统的第二维——点数图。我用它来识别支撑位、阻力位和突破之后价格的目标位。点数图也叫作 OX 图，与 K 线一样，历史悠久，今天这一技术已成为职业交易员不可或缺的工具，尤其是外汇交易员。

七年前，我出版《外汇交易手册》一书时，特地向国内的朋友们推荐了点数图这项古老的技术，令我一直疑惑不解的是，这么简单、实用的技术，居然没有引起国内盘手的兴趣。这项技术在我的交易系统中一直处于不可替代的核心地位，因为它就像一台 X 光透视机，能够透视行情结构；它用头寸堆积的密集区准确地给出了支撑位和阻力位；用区间的宽度度量价格向上或向下突破运动时的目标价位；没有它，我不知道突破后的行情究竟会走到何处。而且，在预示趋势方面，点数图也具有形态效应，颇具灵活性，可与其他分析工具同时使用。

有关 OX 图制作的技术细节，约翰·墨菲的《期货市场技术分析》一书中都有，在此我就不拾人牙慧了，我只以日元/美元为例，强调它所具有的惊人的精确性：头寸堆积密集区、由此产生的相应区间、区间的上沿（阻力位）、区间的下沿（压力位），以及一旦价格突破这些重要点位后如何精确计算止盈、止损的目标位。

显然，外汇日内交易讲究的是"精准"，利用价量分析对盘面作出趋势或波段预判时价量指标本应该占有较大的权重，但却没法精确地告诉我们已经有多少头寸被套牢在头寸密集区，一旦出现突破，这些头寸群将会产生多大的能量推动价格走到何处。日内交易在较短的时间窗口里往往看不到明显的趋势或者说出现明确趋势的时候少。这就更需要我们知道头寸堆积的数量和分布。一个区间的头寸堆积规模意味着酝酿着新一波向上或者向下的市场动能的大小。

在短线与超短线的交易中，"大致""也许""上下"及"价格将于某一区域盘整"等，这样一些有关价格的"预测"对即市炒家毫无意义，真正具有迫切性、针对性的问题是：

第一，价格是上涨还是下跌？

第二，价格的拐点与极价点会在哪里出现？

第三，当下区间的最高点与最低点分别是多少，如果价格向上突破或向下突破能走几个点？

上述问题只有点数图能以惊人的精确度做出回答。点数图的市场基点十分单纯，认为所谓行情归根结底只是"卖出"与"买入"的结果，或两者相当（价格不变），或一方压倒另一方（价格或升或降）；无论卖、买行为背后的目的、理由、意图是什么，最终都必将以某一价格、某一成交量表现出来，所谓市场不过就是诸如简单卖、买活动的连续。OX图排除时间因素，单纯使用设定的box值来确定买卖点，衡量价格运动的持续性，这使它成为所有指标中最强大的价格噪音过滤器。

OX图具有3大明显优势：

第一，精确性。在很好地反映趋势的同时，OX图也通过图上的"密集区"将市场上真实的筹码派发与收集的价格水平揭示出来，我们通过对垂直或横向的点数（"O"或"X"）计算，能判断出准确的趋势转折点、支撑点、阻力位，以及一旦发生价格突破它能走多远。

第二，灵活性。用来预测价格变化幅度的基本单位的大小（box size，即一个"O"或"X"，也称一个"格"或一"点"），可以根据交易标的的周期特点灵活设置。用来确认趋势转折时，可用一格反转（适用于超短期，在期货和外汇交易中用得较多）、3格反转（适用于中长期趋势），也可用5格反转（适用于更长期趋势研究）。只要数据完整，时间框架灵活，年、月、周、日、小时乃至分钟线、tick图均适用。

第三，简易性。OX图不考虑时间因素，纯粹记录价格的连续变化，因此比K线图更易绘制，更直观易懂，更能反映价格变动的全部细微之处。通过简单的加、减、乘、除，它就可以精确算出未来的价格位置。

绘制OX图首先要确定用O表示上涨、用X表示下跌，或者相反，均由你喜欢来定。其次，要确定行情的一个单位为多少。日线级别点数图box值可以用日均波动率来计算，日线以下的级别靠主观判断。box值一旦确定，用四舍五入法将小于单位值的价格波动忽略。这里的关键在于，box值的选择没有统一标准，只能依靠你的市场经验，box值越大，较小的价格变动越会被忽略掉，换言之，单位值决定 OX 图反映价格的敏感性，越小越灵敏。最后，决定选择以何处、何地的价格作为基准。反映全球外汇市场 24 小时行情的 OX 图，分别以 3 大国际外汇交易中心（纽约、伦敦、东京）的收盘价为基准。用于日内交易的小窗口 OX 图，如 5 分钟或 15 分钟窗口，可以具体交易所交易时段内提供的数据为基准。

OX 图惊人的长处就是显示了重要的价格密集区。所谓密集区，就是在一段时间内价格水平延伸堆积起来的头寸。对密集区的分析，目的是帮助交易者确认价格突破的方向。如果在密集区，大多数"O"与"X"都接近密集区的顶部，那就意味着市场上供给充裕，可能代表着筹码的消散，因而是卖出的机会；如果交易活动集中在密集区的底部，就可能代表着主力吸筹，因而是买进的机会；如果密集区的横向长度足够大，那么，最近发生的交易活动就越具有重要份量——密集区越长，一旦"突破"，价格的趋势也就越强、越明显。

OX 图不可替代的价值，还在于它能够通过对密集区横向、纵向数列的计算，得出价格一旦突破将会到达的目标价位，而这也正是其他技术分析工具所不具备的。

先来看在 OX 图中如何计算横向点数，计算时须注意哪些问题。

首先，取整个密集区内最阔的幅度为准；

其次，在整个密集区内取"X""O"排列最密的一行；

再次，如最终倾向向上突破，应选择密集区内较靠下、最密的那一行计算其点数；如最终价格倾向向下突破，则应选择密集区内靠上、最密的那一行计算其点数。

横向计算公式是：目标价格 = 现价 +/-（横的点数 × 点的值 × 反转点数）。

下面举个例子，供读者朋友细心揣摩。这是一段美元兑日元的行情，我们以东京的收盘价为基准作 OX 图，O 表示下跌，X 表现上升，价格每变动一点（格）为 0.10 日元，3 格反转，即价格变动超过 3 个点的幅度即视为行情反转。同时，我们还运用了趋势线，如图 7-5 所示。

我们从图中看到了几个关键点位，它们分别是突破点、阻力位、支撑位、目标价位与临界点。现分述如下：

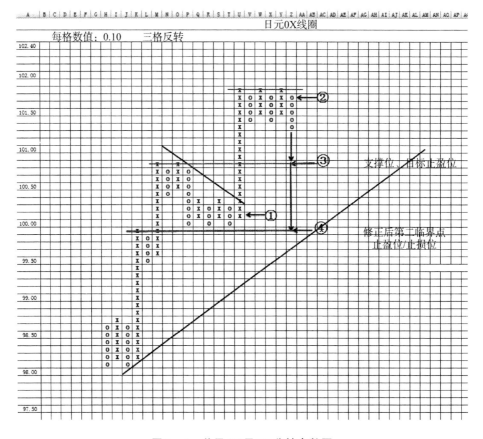

图 7-5　美元/日元 15 分钟点数图

第一，这是一个美元/日元 15 分钟线窗口内的上涨趋势，第一步在最低点的 97.90 处画一条 45° 角趋势线（支撑线），再画上方 45° 角的下行趋势线（阻力线），我们马上可以看出，向上趋势是分成两个台阶向上突破，最高为 101.80，99.90 处有一个关键的支撑位，向上的最后一个突破点是 100.80，突破点也就成了以后的支撑点④和③。

第二，日元从高点 101.80 开始回落，100.80 点出现向下突破，横排的 O、X 共 6 个点位，每点为 0.10 日元，因此当价格向下突破时，我们有理由先将③点 100.80 设定为目标盈利位，如果价格继续下挫，这时我们有两种选择：一是在③和④之间的 50% 处止盈，另一选择就是按照计算出来的 99.90（101.7 - 6 × 0.10 × 3 = 99.90）作为第二临界点，在④附近止盈出局。

需指出的是，图 7 - 5 只是一个简单的例子，并没有完全显示行情的分布区域，这与时间轴的长短有关。长图比短图更能清晰地揭示筹码分布情况，因此所谓的临界点也不是绝对的。但是，对交易者来说，无论如何，最为重要的是不管身处上涨行情中、中途横盘中或下跌行情中，始终要以具体的价格把握住自己的买入临界点以及卖出临界点。OX 图与趋势线有效结合，可以轻松找出这些关键的点位。这些点位若不参考 OX 图，在实践中往往很难把握，目标位不是放远了就是放近了。OX 图的作用就是能事先明确较精确的目标价位——当然这并不是绝对的。

　　下面看两张图都是有关美元指数的（图 7 - 6 和图 7 - 7），一张适用于

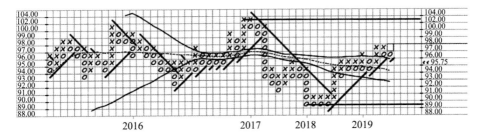

图 7 - 6　美元指数日线点数图，一格反转（2018 年 9 月—2019 年 1 月）

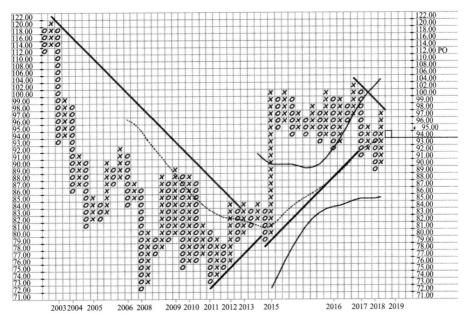

图 7 - 7　美元指数日线点数图，三格反转（2003 年 9 月—2019 年 1 月）

短趋势和日内交易，一格反转，时间涵盖了 2016 年到 2019 年；另一张是三格反转，时间涵盖了 2003 年到 2019 年。图上我还临时加了布林带。有兴趣的朋友可以对照同期的 K 线图进行比较，你可以发现，点数图在支撑位和阻力位这些关键的点位上，确实有惊人的精准性。

OX 图还有许多妙用，任何其他技术分析工具在 OX 图上的使用，其意义会更加清晰，另外，其实在图上同样可以标出时间。OX 图对股票交易来说也许是一项辅助工具，但对外汇交易来说却是一种不可或缺的技术工具。一个外汇交易者，尤其是短线交易者，若能将量价关系、OX 图与相对强弱指标这三种工具综合使用，便是掌握了技术分析的精髓。

五、最有力的短线工具：相对强弱指标（RSI）

所有的技术系统都是顺势系统，好的系统还必须有能力在震荡区间有所作为，即有能力把趋势中常见的次级调整、拐点与拐点出现后的第一波快速运动清晰地分离出来，对日内交易来说这最为关键。RSI 是我的系统中三角鼎立中的一角，更多时候，它常与量价关系与点数图综合使用，那时它只是一个印证指标。因为外汇市场没有成交量，在短线操作中，尤其是在 5 分钟以下的小窗口，国内目前的许多平台都只提供一排齐刷刷的代表资金总量的柱状图，而这些对技术分析起不到作用，这时最灵敏、最实用的 RSI 就成了你的唯一可依靠的技术指标。

1978 年，威尔斯·威尔德发表了他的《技术交易系统的新概念》，名声大噪，被认为是技术分析这个行业进入量化时代的标志。他一生写了很多书，但我觉得，最大的贡献莫过于给我们提供了一个 RSI。有关交易的书中都少不了对这个指标进行一番讨论和分析，这说明了它的重要性。威尔德的几种书现在都有中译本，RSI 的计算和一般性应用我就不多谈了。在此主要是谈它的重要性、在实践中还没有引起足够重视的使用方法及它的不足之处。

第一，通俗地说，震荡指标就是依附于趋势分析，用来衡量价格方向性运动速度快慢，用来判断趋势调整幅度、持续时间以及调整真实性质的指标。如果昨天价格是 100，今天上涨到 102（相对强度就增加了 2，以此类推），明天上涨到 104，第三天涨到 105，那么我们就说这三天价格上涨速度很快。这时 RSI 值上穿它的 50% 线成为金叉，上升速度加快。反之亦然。在分析趋势时我们把它跟价格走势图参照使用，当市场即将出现短期极端状况，即通常所谓的"超买"或"超卖"状态时，它能够及早地提醒我们。

第二，当市场进入无趋势横盘震荡时，价格通常在水平区间上下小幅波动，在这种情况下，绝大多数顺势交易系统都不能正常工作，而 RSI 却独树一帜，它能使技术型交易者在无趋势的环境下捕捉到交易机会而获利。比如，在 1 分钟、3 分钟、5 分钟窗口，持续的微幅波动使价格形态和量价关系两个指标的技术特征都会很弱，这时 RSI 的重要性就凸现，原因在于它是最近 K 线价格增减幅度的平均值；时间窗口越小，可以形成 RSI 反转的时间越短，这个拐点的真实性越可靠。没有任何其他指标能比它更直接、更单纯地反映短时的价格波动。

第三，RSI 还具有非常好用的特点，它和均线一样，基于简单的移动平均计算，所以，所有技术分析工具也都可以与它一同使用，使用的效果和分析价格走势图无异。尤其是在价格趋势接近顶部和底部时，只要出现价格走势和 RSI 背离，说明拐点已经出现。换言之，这个时候的 RSI 就成了价格的领先指标，或者说它成了捕捉拐点的理想工具。

在后面的讨论中，我会讲到"三线反转"这个技巧，短线交易者对这两种工具都应该熟练掌握，娴熟运用。图 7-8 显示了两者之间相互印证、捕捉短线交易确切信号的运用。

交易很难，难就难在交易实践中没有任何东西是绝对的。面对日内交易更高的随机性，我们必须使用更精准的捕捉随机性的工具来应对。各种技巧的掌握和娴熟运用会给你带来综合优势，也可以在任何情况下使你即刻明白哪种技巧更有效。

下面再介绍一个我自己的实用技巧，这个技巧更简单，也更强大，前提是你必须相信它。你也可以用在不同的时间周期上，调整参数与你已有的系统一致，样板数据的回撤与实际情况基本一致。总之，如果你的交易平台允许你使用这个技巧，那么就直接在价格走势图上叠加上 RSI 的走势图，它就能帮助你有效地捕捉到日内短线买卖点，如图 7-9 所示，价格走势和 RSI 的背离还往往成为趋势转变的领先指标，这一背离大约提前

图 7−8　RSI 指标对"三线反转"的相互印证

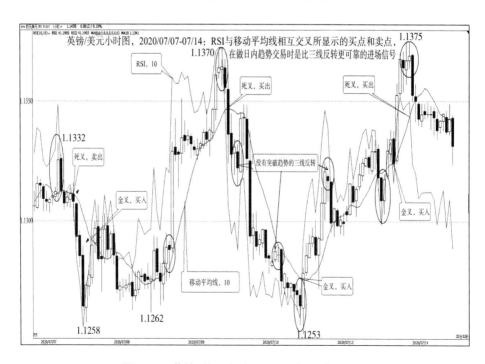

图 7−9　英镑/美元小时图：RSI 与移动平均线

1/4 窗口时间给出将要实际发生的信号，提前时间的长短与你具体使用的参数有关。简便起见，让我们看图 7 - 10 的欧元/美元的 1 小时图，重点是下面的指标栏从左向右看。

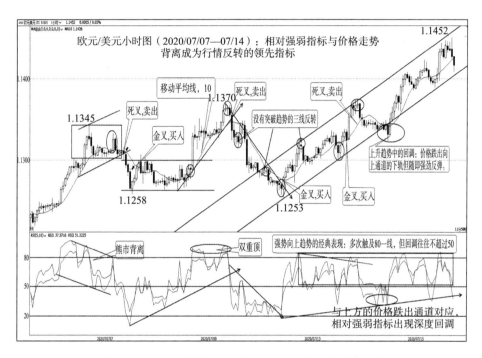

图 7 - 10　欧元/美元 1 小时图：RSI 的背离与价格走势

（2019/02/13—2019/02/19）

（1）左边一开始，价格走势出现熊市背离，其含义是市场价格形成新的高点，但 RSI 指标并未创出新高，反而达到更低的低点，形成向下的趋势。发生牛市背离时恰好相反，即市场价格形成新的低点，但 RSI 并未形成新的低点，而处在相对高位。

（2）接下来我们看到，在 2020 年 7 月 7 日的晚间，RSI 走势形成了双重顶，接着价格冲高回落，上方的价格形态出现"三点一线"拐点的同时，RSI 出现死叉，随后跟随价格大幅下挫，直到进入 20 以下的超卖区才停止。这表明所有简单的图表画线方法，全都可以非常有效地用在对 RSI 这一指标的分析使用上。

（3）随着 RSI 进入超卖区，7 月 10 日下午欧元出现强劲反弹，这一波反弹奠定了欧元短期内持续上涨的趋势。我们可以看到其趋势一直在通道内保持稳定上涨，这和同时期的美元指数持续下跌相对应。需要强调的是，在强劲的波浪式上涨趋势中，RSI 会有明显的多次下调，但不会触及50 这条水平线——这是一条重要的水平线，是区分整体趋势是弱势还是强势，是处在下跌区间还是处在上涨区间，由此来判别相对位置 RSI 的变化。换句话说，使用这个指标，最保守的就是与价格形态、成交量综合使用。考虑到短线交易的随机性强，一开始都把 RSI 看成是价格的小幅回调或反弹，随着 RSI 或上或下突破 50 一线，价格同向发展，这时你才考虑进场。毫无疑问 45 处是最佳的入场机会点。

反转信号或背离信号经常发生在价格通道和 RSI 运行通道的上下轨两边。因此在观察、预判价格可能反转之前，首先应该集中精力看它的走势和价格走势之间是否存在明显的背离关系。

RSI 的反转信号分为向上反转和向下反转。向上反转，是指 RSI 跟前面的低点相比创出了新低，而此时价格低点相比却更高一些。RSI 向上反转预示后市看涨，因为当市场价格正在脱离低点，在一个相对高的水平上交易时，它告诉我们现时市场正在积蓄能量。相反，当 RSI 跟前面的高点相比创出了新高，而该高点上方相应的价格高点仍处于相对低的水平，那么这就是可能形成向下反转信号。

震荡指标的反转信号并不一定出现在指标极值 80 以上或者 20 以下的超买或超卖区，如果 RSI 的反转信号发生在 80 和 20 之间，这是一个"隐性"的反转信号，有时它比在高峰和低谷出现的反转信号更有力。这个观察同样适用于大多数摆动指标。最强劲的信号常常是那些不易觉察的、接近零线或者位于摆动指标两条移动均线交叉的信号（向上的交叉或向下的交叉附近）。还有就是，RSI 发出信号可以视作多空纠缠性博弈已经结束，价格即将出现新的动向。保守的做法是，任何时候在任何位置上，当 RSI第 1 次发出信号时都把它当作是一种"调整"，和价格突破一样，RSI 的信号也需要确认，用价格形态和交易量来确认。尤其是价格处在中长期趋势的头部区间大幅震荡时，这种由主力派发产生的快速向下调整幅度还会很大，RSI 不仅会出现死叉，而且会跌破 50% 线，但很快就会返回到 50% 线之上——同时价格会在区间的下限止跌或触底反弹。

向上反转信号预测价格可以使用下列公式：

（B－A）＋C＝新的目标价格

在图 7－10 中，向上反转信号标注了 A、B、C 三个点，其中 A、B 是两个低点，一个高点 C。C 是位于 B 点和 A 点之间的 RSI 的最高点，当 RSI 与价格形成背离时，高点往往并不是收盘价的高点。对于向上反转的价格来说，我们总是寻找动力的峰值，即 RSI 的最高点。记住：当我们探寻与 RSI 拐点相应的价格时，用的是收盘价格，而非最高价或最低价。任何一种只使用收盘价的分析方法，都不能用于日内交易策略，也不能用它计算或者确定日内交易的止损位。这就是为什么说 RSI 其实也只是一种分析方法，但由于它具备的特性，在还未存在收盘价的日内短线交易中，它反倒成了一种最有效的实用工具。

向下反转信号可以使用下列公式：

C－（B－A）＝新的目标价格

向下反转形态的 RSI 的第二个高点所对应的收盘价，将总是低于或等于 B 点所对应的收盘价。因此，形成价差的两点交换了一下位置，结果目标价位必然等于从 RSI 的点 C 对应的收盘价减掉价差。

在这里，我们提供了一个相对完美案例，只是为了介绍 RSI 的反转信号的实际应用，其实在实践中还有许多尚待解决的疑问，如不管在任何市场和任何周期里 RSI 都一样表现良好吗？在趋势强劲的市场环境下，一个简单的移动平均线就比它更有效。RSI 在牛市和熊市同样有效吗？怎样才能验证？RSI 向上反转和向下反转形态并不能预测整个价格波动区间，因此，根据这些信号得出的价格目标作为止损点在技术上并不是恰当的。在趋向性上 MACD 显然比它好，虽然滞后但更稳定。然而，RSI 的反转形态本身在判断价格拐点和实际交易方面，都发出了有益的指引信息，尤其在决定短线交易的进、出场方面具有很大价值。

要注意的是，所有指标是根据不同的用途来进行分类，有的可以替代，有的不能替代。用途和特性区别不大的指标放在一起，就会降低交易系统的有效性。不同的经纪商提供的交易平台其技术指标参数的默认值也不尽相同。更为重要的是，每个市场的波动率是不一样的，这就像人的个性一样。有效的交易系统总是由数目有限的指标构成，系统中每个指标的作用都是不可替代的，它们在最大程度上协调一致，发出相互印证的信号，使整个系统的效用增强。所以，你在架构自己的交易系统时，需要用你的交易经验和交易习惯，对指标数值的默认值稍加调整和校准。RSI 一般有三个默认值，如果你需要简洁，你可以使用两个或者一个，只要把参数调一下就行了，这样就能使整个系统更符合你的交易习惯和交易风格。

我们说一个系统是有效的，那么也就意味着它在不同的市场、不同的时间周期窗口使用时都一样有效。我喜欢用的核心指标之一是布林带，大多数情况下我使用的 RSI 参数值为 5 和 10，它们和布林带的 20 个单位的移动平均线之间是倍数关系；RSI 超过 80 为超买区，20 以下为超卖区。在外汇日内交易或高波动性的市场中，我会收紧区间，RSI 的参数为 9 和 4，超过 70 为超买，低于 30 为超卖。如果加入趋向性指标 MACD，我会尽量优化它的滞后性，使它和 RSI 两者之间的同步变化只相差一根 K 线。这些都是经验性的、个性化的，只有在长期使用中经过反复比较，你才能真正放心地确定什么指标、什么数值对你是最靠谱的。

和大多数震荡指标一样，RSI 容易出现"钝化"。RSI 的变动大小与衡量它的数据成正比，上下运行的距离与价格变化的速度有关，市场出现转折点时，该指标运动非常快，而市场沿某一方向持续运动的速度却减慢，这就出现了一个问题：理论上，当价格急速上涨超过 80 时（被认为是超买）或在价格急速下跌超过 20 时（被认为是超卖），在这两种情况下价格很快会发生调整和转向。但我们会看到，有时 RSI 上触 100 数值时价格也没有掉头向下，或者已经到达零值价格也没有向上折返，只是贴着上沿或下沿水平运动，这种情况往往出现在价格暴涨、暴跌之时，或趋势强劲且持续时，这些情况已超出 RSI 数值可衡量的范围，市况出现这些情况时，你要放弃 RSI，换成量价关系和点数图作为主要的分析判断工具。

任何指标单独使用时都会有缺陷，没有绝对完美的技术指标，必须互相印证，综合使用，才能达到最好的实际效果。但要注意系统使用的指标不能在性质上、功能上重复，否则指标越多越混乱，分析结果的质量也越差。

下面，我给出综合使用三个指标制作的美元指数小时图，其他时间级别窗口的图可如法炮制，供有兴趣的朋友参考。在国内，所有的交易平台都不提供点数图，所以点数图必须在线下手工制作。点数图同样可以标上关键的时间点，同时还要不断矫正实际价位和点数图之间的微小价差，使点数始终保持最高精度。此外，在图 7 - 11 中，我临时叠加上去指标是通道、布林带、百分比线或比率等指标加以印证，这么做，我觉得这张"网"已经编制得够密了。

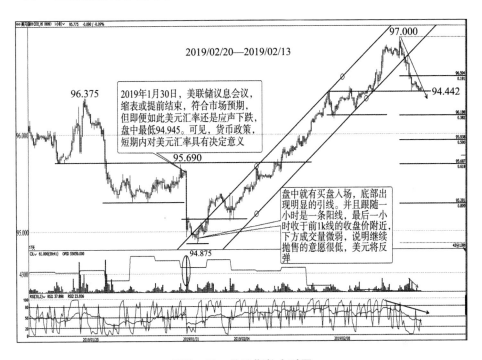

2019/02/20——2019/02/13

2019年1月30日，美联储议息会议，缩表或提前结束，符合市场预期，但即便如此美元汇率还是应声下跌，盘中最低94.945。可见，货币政策，短期内对美元汇率具有决定意义

盘中就有买盘入场，底部出现明显的引线。并且跟随一小时是一条阳线，最后一小时收于前1k线的收盘价附近，下方成交量微弱，说明继续抛售的意愿很低，美元将反弹

图 7 - 11　美元指数小时图

上面我介绍了自己系统的构成，也详细讨论了三个指标在实践中的具体应用和要注意的问题。除此之外，我还有三个"自定义"的"情景指标"，它们是我系统的"备胎"，特定行情下，当"铁三角"系统失去方向感和准确性时，我喜欢叠加另外三个指标中的一个，相对特定情况，这三个指标在功能上显得更"专业"。比如，如果趋势持续，我就会使用通道技术来跟踪这一趋势的持续性；回撤和反弹，只要不突破上轨和下轨，我就让我的盈利头寸一直"漂流"下去；如果出现长时间横盘，我就会叠加布林带指标，用来跟踪价格突然间爆发的上下突破以及一旦突破后的大致目标位。长期使用点数图的经验告诉我，只要扫一眼横盘的长度，就可以大致估计出突破后的目标价格会走到哪里。如果行情宽幅震荡，我就将斐波那契数列叠加到震荡区间中去，更好地捕捉波段交易的机会，一旦被

确认突破我还会加仓。

用多少指标来构建自己的交易系统以及选择的备用指标有几个都不重要，技术分析使用的关键数据其实并不多，基本上就是价格和成交量，其他技术分析指标可以看成是系统的补充数据。不要把事情搞得过于简单化，也不要把事情搞得太复杂；简单并不能保证你一定赢钱，但复杂一定输钱。

对外汇日内交易来说，开盘价和收盘价同等重要。日内的任何时段都可以用图来表示，5分钟、10分钟、30分钟、60分钟，等等。30年前，基本的图都是日线图、周线图和月线图，到了现在，尤其是外汇现货交易，60分钟以下的线图成为主流，像5分钟这样的短期图越来越流行，你的系统要适应这种市场环境变化。

我们还必须确信，这个世界上不可能存在完美交易系统的"圣杯"（当然包括我的系统在内）——没有任何系统、软件或投资计划能避免变化的冲击。无论我们多么有思想准备，多么有适应能力，我们的系统都有失效的时候，换言之，长期看，不存在永远有效的系统。很大程度上，系统很好用时是因为市场迎合了它；表现糟糕时，说明市场根本没有跟系统合作。市场在变，经济在变，世界在变，管理原则和管理制度在变，基本结构在变，基金经理和基金目标在变，恐惧和贪婪的波浪如同钱塘江潮水在市场中来回冲刷，很多时候变化是不会提前通知的，很多变化只有在事后才能理解，甚至很久以后才能明白真相，这些都说明没有任何交易系统能够一劳永逸地提供长期有效的策略，任何测试、策略和计划都无法改变这个客观事实。

第8章

日内短线交易的框架、时间与布局

外汇在线交易是一种典型的"快思维"短线交易。它要求一种更精致的快节奏实战技能，它需要你有"螺蛳壳里做道场"的本领，在很短的时间框架里完成准确性很高的交易。短线交易更高的专业性还体现在最终要求你"取法乎上"，"有法"变"无法"，让你的经验、知识、技能和勇气融为一种敏锐、灵活、具有穿透性的直觉——开发出你的第二天性。

日内交易首先要确定你的风险偏好及建立在这一基础之上的交易（周期）目标。它需要你建立多重时间窗口分析框架，读懂当日开盘价与昨日收盘价之间的关系，抓住货币对短期价格—时间对称性运动的基本特征，在价格区间波动的过程中精准判断支撑与阻力，及时捕捉拐点，然后，顺势而为，通过交易这些单纯的"价格波段"获利。日内交易的顺势操作及大部分利润来自这一基本策略。

一、日内交易结构

认识日内交易结构是你建立正确交易策略的基础。日内交易关注当下，但同时它"盯住树木，不忘森林"。任何行情都是更大的整体图景中的一部分，只知其一，不知其二是很危险的，日内交易也不例外。

70年前，美国的乔治·道格拉斯·泰勒发表著作，叙述了三日周期法，时至今日，这个规律依然十分有效。我们常用三天的均价来衡量当天价格变化的趋势或强弱。泰勒说，市场波动最开始是从内部开始驱动的，有内幕信息或者聪明人最先买进，逐步带动市场上扬。到了第三天，市场走势虽然还在向上运动，但"聪明钱"已经开始趁势卖出兑现，这就是泰勒勾画出来的市场的基本秩序——价格或行情是一种螺旋式的周期循环：跌后上涨，涨后下跌。

在日内交易中存在更多的是短时间周期循环。一般情况下，上午交易比较活跃，如果整个上午大众都跟随主力积极买进，那么接近午时，"聪明钱"就开始陆续获利回吐。午后会有时间不长的横盘，然后就是走势掉头向下，"聪明钱"则平仓或进行多翻空操作。若午后两小时基本是单边向下走势，就是我们常见的"午后逆转"模式，或者说是时间—价格的对称性运动。整日的单边走势很少见，除非有重大信息入场。

日内交易是个主观的概念，我们把它界定为以某个市场的开盘价为起点，24小时为周期，且不持仓过夜的一种交易策略。外汇日内交易市场以做市商银行交易员为主体，任何时候都有各式各样的参与者介入其中，极其复杂庞大，参与者更具主观性的交易行为使汇价更加随机，瞬息万变，但是只要我们一直在交易中不断地总结经验，深入研究，探讨哪些方法行得通，哪些行不通，把日内交易的走势按照市场行为的习惯分成两段，将上午和下午的走势进行相互比较，或者在更小的时间窗口里单独研判上午或下午的走势，这样研究得到的统计概率往往会得到长期交易经验的印证，结果令人兴奋。

外汇现货大部分时间都跟着 CME 的期货价格走，本土主要市场（如亚洲的东京市场）开盘时，做市商银行的外汇交易员群体就通过各自的策略和交易手法开始进行竞价式的交易了，这个过程一般持续半小时到一小时，所以开盘的半小时或一小时是观察、厘定当天交易策略的重要时段。

中小机构和散户不可能像银行交易员那样迅速获得足够的信息，一旦开盘，只能盯住价格，所以开盘前的功课一定要做足。按照顺序，打开电脑的第一件事就是必须要看清开盘开在哪里；因为开盘价是一日交易的基准，它是市场产生的第一个共识。大多数时候，你还需要耐心地等待半小时或一小时，才能清楚地判断出市场主力创造的第一波区间。这时，新的价格形态也开始透露当天市场走势的强弱信息，简言之，日内交易要做的第一件事就是要理解日内交易的结构，或者说，不同交易日走势的主要特征往往是不同的，价格波动会在日内不断重复，通过日内交易的价格形态图，我们可以从更长的时间跨度看待日内市场的行为结构和背后的市场情绪。

1. 区间交易日

一般地，日内交易"区间交易日"居多，但是"区间交易日"出现上下突破的情况也不少见。通俗地讲，区间交易日就是一天的大部分时间中市场交易者的交易范围都在早盘创造的一个区间里重复上下波动，说明价格处在一个相对均衡的状态，所以区间交易日也被称为"均衡交易日"。区间交易日通常由中长线交易者为代表的主力资金在盘初快速入市参与交易，并有跟风盘，从而在开市后的较短时间内形成一个宽幅的价格区间，其后，以中长线交易买方和卖方为主力的各类参与者都在此区间积极交易——这就是我们最常见的外汇日内区间交易——早盘创造的主波段。

盘初或早盘推动价格形成单边走势，往往是隔夜或盘初出现重大消息触发的。主力资金吸纳和消化了这些信息，一开盘就做出了强烈反应。假设，盘前或开盘有重大利空消息发布，中长线资金的卖方就会带动大多数投资者入市做空，压低价格；而后，价格被压到足够低时，又会吸引中长线资金的买方和跟风盘进场，阻止了卖方的抛压。反之亦然，利好消息会吸引大量买盘，迅速推高价格，但在高位又受到卖盘打压和获利盘的回吐压力，使价格产生回调。

很明显，区间交易日的特征就是它的波幅不是一整天的时间形成的，早盘的主波段形成的区间成为整天交易的价格轴心和基础，价格会在关键的高点和低点之间多次往返。

2. 延伸交易日

这种交易日的特点是在市场早段发生的市场活跃程度比区间交易日要弱，然而，随着行情的发展，交易趋于活跃，成交量放大，早间的价格区间发生突破，行情大幅延展。这种情况有可能是主力资金在观察了盘初的行情后，觉得盘前的预判准确，当下时机恰当，于是再次主动大单进场交易，决心颇为明显。在这种情况下，价格往往产生测试前低或前高。由于始终存在主力买卖盘的支撑，尽管在余下的时间里会不止一次地出现价格回调或反弹，总体上，主力资金会比较轻松地消化买卖盘的浮筹，直至价格达到一个新的均衡区间。

这种市况下，早盘的开盘价往往会形成一个窄幅的波动区间，随后，不长的时间里，主力资金会向上突破或向下突破，从而使价格摆动到一个新的区间。这时，当天的开盘价往往就成为全天交易的最高点或最低点，且尾部常有明显的获利回吐。

就技术特征来讲，延伸交易日尽管是只有七八个小时的日内交易，但它包含了称得上趋势交易的全部技术特征细节：底部有吸筹，区间有突破，中间有回调，以及顶部出现获利回吐。

3. 趋势交易日

趋势交易日的重要特征不言而喻，它使整个交易日都有明确的方向性走势，买方或卖方的力量从开盘到收盘始终控制着交易的进程。此外，这种单边走势也一定以波浪的形式发展，途中小幅波动又不断吸引新的买盘和卖盘加入，从而产生价格直上直下的持续运动，并伴随着不断放大的成交量。

毫无疑问，因为主力资金一开盘便控制了市场，并全天控制着盘面走势，因此当天的开盘价在大多数情况下会成为当天的最高或最低点，有时开盘会留下日内缺口，极少的强势走势会使这个缺口隔日回补。

单边市场的显著特征就是在上涨趋势交易日中，价格的高点会一波比一波高，途中稍有回撤就会继续创新高。在下跌趋势交易日中，价格的低点会一波比一波低，或者稍有反弹，就会继续大幅下挫。

与区间交易日相比，趋势交易日的价格波幅更大，一般超出日均波幅，因此，如果短线交易者坚持错误地逆势操作，数天的利润可能在一次交易中就化为乌有。

日内单边趋势有一种变形，这种交易日初盘创造的价格区间很窄，说明市场参与者的心理状态是犹豫不决，信心不足，但随着时间的推移，一个新的事件或信息来了，导致市场认知和情绪改变：首先是主力资金感到目前的价位不合理，于是主动进场，将原来的价格区间大幅延伸，或直接突破前期区间的上限和下限，把价格推到一个新的水平；在新的区间，价格会有较长时间的停留，然后再继续朝原方向发展。这种间歇式的趋势，没有像标准趋势交易日市场所具有的一致的共识，由于市场参与者的认知和情绪的转换需要一个时间，所以，价格大幅变动之后总要停下来，并重新确认"自己"。另外，这种走势在尾盘往往会出现较大回撤，下跌趋势则会伴有像样的反弹。

4. 无趋势交易日

这种市况的特征是市场走势完全缺乏明确方向，波动区间狭窄，缺少成交量。无趋势交易日经常出现于重大的经济数据、新闻事件公布之前或假期之前，市场参与者因预期突发性事件可能会给市场带来冲击性影响，所以大部分都愿意为此提前平仓。大家都在观望、等待，买卖意愿低迷，市场交投自然清淡，走势也就失去了方向。

无趋势交易日的盘初走势很可能更像趋势交易日形成的开盘形态，因为无趋势交易日的盘初价格区间也非常窄小；不同的只是，主力资金始终按兵不动，这就没有了随后出现的突破及价格摆动到一个新区间。

5. 横盘交易日

该市况的出现，意味着买方和卖方对市场价值定位的认知比较接近，此时，市场维持在"均衡状态"，表面上会带给我们一种误判：为交易而交易的小资金带来了小幅价格波动。通常我们称之为横向震荡市。

职业交易者非常关注横盘交易日，它是"黎明前的寂静"。只要主力资金的卖方和买方中一方有所动作，就会打破市场的平静或平衡，从而形成一个趋势日。买卖双方对"公道价格"的定位非常接近，但并不意味着他们对待这个价格的看法是完全一致的，随着时间的推移，认知和情绪的差距会越来越大。

横盘震荡往往是主力吸筹的阶段，横盘时间越长，意味着在这一价格区间堆积的头寸越多，一旦一方出手，就会造成被套对手的恐慌心理会随着价格的持续变动而加剧。这时横盘结束，趋势明确，在日内交易中建议用1小时的时间窗口分析，当价格创出当日最高点或最低点时，说明在当下争夺市场控制权之战中已有一方获胜。收盘价创新高则说明多头占上风；如果价格创新低，说明空头占上风。

上述事后诸葛亮式的分类并不能替代你的实际操作，日内交易的形态和特征不是一成不变的，在实践中要活学活用，目的只有一个：及时监控某个交易阶段的确切走势，迅速把握市场发展的脉搏。要做一个盘中的"诸葛亮"，把对日内交易的结构认知变为有效的实际交易，还需我们掌握很多必要的技能和技巧。

二、一日周期"两段法"

显然，一天的交易必须从寻找每天两段主波段做起，你需要对一天看起来是什么样子先有一个概念。事实上，外汇市场包括全球任何交易市场都存在程度不同的每天行情两段式：上午一波，下午一波，如果当天走势强劲，上午的走势就创造了整日的波幅，下午基本是获利回吐盘造成的上下波动；如果当天走势大幅下跌，行情模式恰好相反，下午就是获利回吐或博反弹带来的上下波动——这就是所谓的"时间—价格对称性"——时间和价格同时运动，完成完美的对称性，并且完成一段趋势，而且时间越短，价格对称性运动的重复次数越多。正因为如此，一些技术型的专家认为短线比中长线交易更安全，它让我们相对容易能从混乱中找出潜在的秩序。建立在时间—价格基础上的交易策略，我称为"一日周期两段法"，或"狙击手交易法"。

图 8-1 是我做的两段法示意图，它主要有三个要素组成：时间轴、价格轴，加上斐波那契数列。50% 以下为上午盘，50% 以上为下午盘，这就是整个一日周期两分法的直观表现。任何市场周期总是由吸筹阶段、上

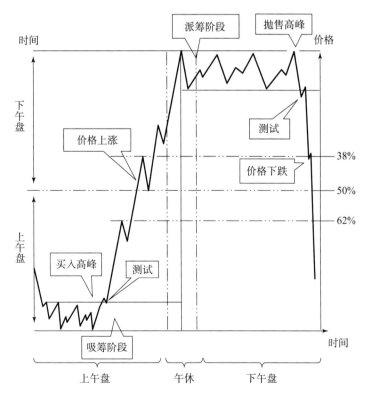

图 8-1　两段法示意图一日内周期与斐波那契数列

升阶段或下跌阶段，加上头部或者底部的震荡派发阶段这三个主要阶段组成，这一过程中还有许多回调或测试。牛市的特点是高点一波比一波高，熊市的特点是高点一波比一波低，把图 7 - 4 倒过来看，就是日内熊市结构。长到数 10 年、10 年、几年、几个月；短到 1 天、1 小时、5 分钟；各个级别的时间周期中，我们均能看到这种最基本的市场结构。

造成亚洲时段一日周期"两段法"的原因有两个：

首先，交易者有生活习惯及作息时间，如午饭和休息，在亚洲时段，北京时间 11 点到 12 点，是东京午饭时间，大多数获利盘都会在 11 点前至少先平仓一部分，落袋为安，控制风险，然后到下午 1 点再重新进场交易。很少有人在这个时间进行大额交易，这就使得这个时段交投清淡。交易员们也需要利用这个时间放松一下，听听同行对行情的见解，体会一下市场的真实气氛，为下午更有目的性的交易做准备。

其次，价格时常会出现对称性波动，或者更准确地说，市场存在由情绪推动的时间与价格永不停息的周期性循环——在任何市场，不管趋势长短它都存在。在日内交易中，表现为价格对称地上下波动次数更多；在框定的区间内，下跌的一波和上涨的一波经历了同样的时间，有同样的幅度和强度；在市场处于震荡时，有时一天内价格会在一个或多个可框定的区间以相同的波幅、相同的走法重复多次。

以东京市场为指引的北京交易时段"一日周期两段法"是指：上午 8 点到 11 点是一天中最重要的交易时段；13 点到 15 点是下午主要的交易时段，前面我们已给出全球外汇交易各市场时段与日均的价格波幅，下面，我们以图 8 - 2 为例来研究日内交易最主要的价格特征：波动循环或时间与价格共同运动产生的对称性。

我们先研究上午时段的行情。26 日 8:00 开盘到 11:00，上午 3 小时行情走出"有跌就有涨"的 V 形，9:30 开始的反弹复制了从开盘时的 1.1365 到 9:30 的 1.1350 这一下跌波段的幅度，上升的波段比下跌的波段仅多出两个点，为 1.1367。两者经历的时间都是一个半小时——时间和价格同时、同比例、反向运动，完成完美对称，创造了 17 个点的区间波幅。我们不禁要问：如果从开盘到 11 点，出现两个 V 形波动呢？这种形态是震荡市经常发生的情况。下面来分析一下。

图 8 - 2　欧元/美元日内价格的对称性及午后逆势反转（5 分钟图）

图 8 - 3 用两条虚线画出了两个 V 字。当天开盘的第一个 5 分钟是一根阳线，但是最高点没有超出昨日 30 分钟的最高点，于是第二根 5 分钟线就开始下跌。8 点的开盘价就是一天中第一个支撑位/阻力位。或者说是开盘第一波区间的上沿（阻力位）；9:30 创造的盘中最低位 1.1350 是区间的下沿（支撑位）。当确信区间已经形成，我们就叠加上去一个斐波那契比率，这时区间的机会即阻力位和支撑位就一目了然。图中的虚线表明：如果出现了两个 V 型，那么，在 3 小时内，区间会出现 4 次理想的交易的机会，分别以 A、B、C、D 标出，两段下行波段，两段上升波段，共 4 段单纯的价格波动。如果错过了第一波下跌或第二波上涨，那么在第二个 V 型波动开始时你可以完全有把握地说"有涨必有跌"，及时进场。一般认为，能够吃掉一个区间的 70% 就是一个成功的交易，而你只要 4 次中抓住一次机会，即一个波段，就可以赢 15 个点，这是全日波幅的 68%。

如果 26 日是爆发突破后的趋势性上涨行情呢？这时需要你有耐心，用半小时的观察结果来做出当日第一笔交易的决定。这时你心里一定只想一件事：价格上涨到哪里会停止？你必须估计这种可能性的大小，如果价

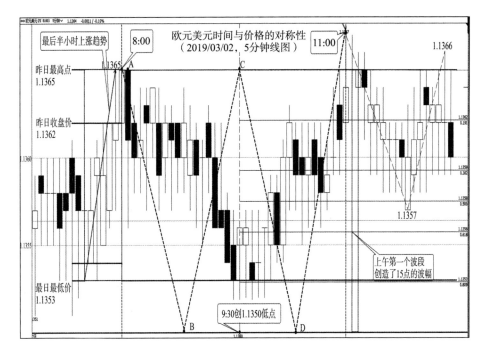

图 8 – 3　欧元/美元对称性交易 5 分钟图分析图

格持续上涨，上方的目标位在哪里？——这时首先要快速判断昨日 30 分钟的收盘价在哪里，上涨幅度是多少，在左边水平方向附近是否能够发现阻力位。取昨日最后 30 分钟波幅的一半，加到开盘价上方，这就是你的第一目标位。同时，扫一眼下方的相对强弱指标，我们图上的 RSI 此刻给出了明确的回答：相对强弱值是 100％，说明市场已经出现超买，拐点很快出现。此时要做的只是等待 RSI 掉头向下，摆动到均线下方时就果断入场。

　　实际上，26 日是典型的午后逆转走势，让我们再来研究下午的行情。我们仔细观察 11 点那根 K 线就能发现，带着巨大的长影线，开盘价就是压力位，这根 K 线收在开盘价之下，这说明上方抛盘很大；接着下方的相对强弱死叉走势出现单边下跌，到 15∶00 时创新低 1.1345，至此行情创造了 22 个点的日内波幅；随后半小时为非常正常的 6 个点的获利回吐反弹行情。我们知道，欧元/美元货币对波幅在亚洲时段一般为 50 个点，只出现了 22 个点的日内波幅，说明价格正处在震荡阶段，欧元/美元的小时图与日线图很好地印证了这种整体震荡的走势。同样，我们不禁要问：

假设 26 日的行情是先下行到 9 点半的低点然后 V 型反转，一直上行，11 点前创出日内最高点，而且这一波上行的幅度在 80 点左右，那么，下午会出现怎样的行情呢？

一般情况下，如果出现趋势性强势上涨，在 11 点前就会看到明显的获利回吐，但这个下挫一般不会超过昨日开盘价到收盘价的中线；11 点后，获利盘被消化，价格回升到接近前高。

即便在这种市况下，下午两小时很可能再次出现一次 20~25 个点左右的区间震荡行情，一直到收盘。下午的这个区间同样是进行日内"对称性"交易的机会，即使只有 20 个点的盈利，对短线交易来说已经蛮不错了。经验证明，时间跨度越小或时间窗口越小，价格波动循环或对称性运动越明显。有些技术分析专家之所以说短线交易的安全性要超过中长线交易，原因就在于此。

假设中的趋势上涨后如果有小幅回调，并在回调的底部价格停留较长时间，进入午后再调头向上，重新恢复强劲涨势，这样的走法其实就是 26 日下午实盘走势逆转、单边下跌的镜像。换言之，在更长的时间跨度内或者说在各种级别的时间单位里，都存在多个时间—价格同时、同步运动所产生的"对称性交易"机会。

如果再看图 8-3 我们会发现，随着时间与价格朝右面的运动，15:30 以后的行情演变成了对称性很强的 W 双底反转形式。所以，我们说，价格的对称性无处不在，尤其是在短线交易中，要随时意识到这一点，培养自己寻找拐点、发现波段的敏锐性，这样才能在关键点位上掐准买卖点。

三、昨日行情与盘前布局

一天分两法，开盘是起点。某种程度上说，日内交易的开盘价比收盘价更重要。打开电脑，我们问自己的第一个问题一定是：今天的市场想朝哪个方向走？开盘一小时后，直到整天交易结束，老练的交易者一定会持续跟踪行情的发展，不断问自己第二个问题：市场在这个方向上走得好吗？我们先来回答第一个问题。

外汇市场开盘价往往是前一日的延续，而且十之八九延续自前一晚全球电子交易平台 Globex 的交易盘，弱者更弱，强者更强。但是，不要以为这句话是建议你见到前一天收低就卖，收高就买。开盘后半小时，通常你应该耐心观察，而不是急于交易，行情反复时则需要用一小时观察。我们在前面的讨论里已经说过，连续两个市场的涨跌，到第三个市场往往接近尾声，所以，进场反向操作是经常的事。昨日收盘价与今日开盘价之间关系的重要性无论怎么强调都不为过，因为，昨日的行情是"来龙"，今日的行情是它的"去脉"；昨日收盘价是今日第一波波动幅度的衡量基准，昨天的最高点、最低点和收盘价与今日开盘价都是新的一天中最初出现的支撑位/阻力位；考察两者关系，厘定策略，布局当天，乃为交易之始。

外汇日内交易者开始当日第一单交易基于 4 点考虑：

第一，前一个交易日最后 30 分钟线的收盘价；

第二，前一个交易日最后 30 分钟线的最高价及最低价；

第三，当天的开盘价；

第四，当天开盘以后 30 分钟内第一波波幅的上下限。

如何利用上述数据估算出当下的"均衡价格"颇有分歧。一个简单的方法就是将前一天 30 分钟线的最高价、最低价及收盘价相加，然后除以 3，得出一个综合参考值，用这个参考值作为基准，判断开盘后前 30 分钟行情的强弱与未来方向。比如，2019 年 3 月 14 日开盘前半小时的价格为 1.1330，而前一根半小时 K 线的最高点为 1.1337，最低点为 1.1328，三者相加除以 3，得出的均价是 1.1332。如果当日开盘半小时内行情波幅高出这个均值，代表市场向上运动的概率大；如果低于这个值，就表示走势较弱。这就是使你对当日日内走势有了一个大概的估计。

一般来讲，观察周一上午的前一小时的交易最重要——周四一般走势较弱，周五的收盘必定有反弹，这些都是常识了。不管是在一周或是在一周中的哪个交易日，当你决定进场时都必须注意市场前一天的收盘价和当天开盘价的差距。总体而言，今日高开有利于买进，今日低开有利于卖出，当然存在例外。一般地，我们以昨天最后半小时的行情为依据，要着重考虑：

第一，昨天最高点与前 30 分钟出现的最高点的关系；

第二，昨天最低点与前 30 分钟最低点的关系；

第三，前 30 分钟波幅与昨天收盘价的关系。

第3个考虑主要是确定开盘是否出现了跳空缺口，开盘30分钟后这一缺口是否会被回补，清楚前30分钟所产生的波幅是否包括昨日的收盘价。换言之，你要用昨日的收盘价作为标准来度量今日市场情绪的强弱。

今日开盘价与昨日收盘价之间的关系看似简单，实质复杂，可用策略多达20多种。限于篇幅，在这里我们只考虑以下3个主要进场时间，并给出倾向于向上趋势或向下趋势的各6种交易方法。

现在假设你想在下述时段进场交易：

第一，开盘30分钟之后；

第二，日内交易中段；

第三，收盘前30分。

日内交易者经常是在第一种和第二种时段进场，持有头寸后，或中途平仓，或收盘前平仓；当趋势明确时日内趋势交易者往往持仓到尾盘；而在第三种时段进场，则被视为你意在博反弹和止盈平仓（获利回吐）。博尾盘的反弹是给老练交易者准备的丰盛晚餐。

如遇到突破性的行情，也许你想在东京市场结束后继续持有头寸并进入欧洲市场继续交易，以博取过市的波幅。过市的风险虽然较大，但一天下来量价关系已经使你对接下去的走势确信无疑，赢的概率较大。因为这时已有昨天收盘价、今日开盘价及盘中创下的波幅做参考，并且市场已经消化了信息，市场主流倾向明显，所以你胸有成竹。一般来说，若你预判准确，那么，从当天收盘价（15:30）到伦敦市场开盘后的30分钟之间，原有走势会继续发展，波幅的增加大致为日均波幅的1/3，甚至1/2，因为在伦敦市场，各个货币对的波动幅度都是最大，以欧元/美元为例，尽管东京市场已经上涨了近50个点，但是伦敦市场的行情很可能会创造更大的波幅，即80个点左右的上下波动。可见，对老练的交易者来说，这是一种十分快捷的短线获利方法，但严格地说，这已突破了日内交易概念。

我们现在讨论第一种即市买卖策略，每一种策略给出两种操作方案，背景是昨日为向上趋势，开盘后早盘市场变化不大：

第一，前30分钟波动的最高点低于昨日最后30分钟的最高点；

第二，前30分钟的最低点高于昨日最后30分钟的最低点。

判断：盘初市场缺乏方向感，价格窄幅波动。

操作一：如果开盘价高于上一个交易日的收盘价。

第一，开盘 30 分钟后，价格上破昨日最高点，进场做多（买入）；价格下破昨日最低点，则可进场做空（卖出）。

第二，在交易日中段，若价格上破昨日最高点，进场做多（买入）；价格下破当天开盘 30 分钟后创立的波幅最低位，进场做空（卖出）。

第三，在收盘前 35 分钟，若价位上破开盘 30 分钟的波幅，可入市做多，若下破开盘价，入市做空（卖出）。

操作二：如果开盘价低于昨日收盘价。

第一，开盘 30 分钟后上破昨日最高点，进场买入；若下破昨日最低点，则进场卖出；

第二，在交易日中段，若价格上破昨日的收盘价，可进场买入；若下破昨日最低价，则进场卖出。

第三，在收盘前 35 分钟，若上破昨天收盘价，可进场买入；否则，价格下破开盘价便卖出。

下面，再来介绍背景处于下跌趋势为主的交易策略，同样给出 6 种操作方法。

这一交易策略出现的背景条件是：

第一，开盘后的前 30 分钟波幅上限没有突破昨日的最高点；

第二，开盘后的前 30 分钟波幅下限没有突破昨日的最低位。

判断依据：开盘后市场走势依旧偏弱，买盘意愿不高，以做空为主，辅之短线博反弹。

操作一：如果当天开盘价高于昨日收盘价。

第一，开盘 30 分钟后，若价格上破昨日最高点，进场做多（买入）；若价格下破昨日最低点，则可顺势做空或静观其变。

第二，在交易日中段，若价格上破开盘后创造的波幅的最高点，可进场做多（买入）；而价格下破昨日最低点，可进场做空（卖出）。

第三，在收盘前 35 分钟，如果价格仍未走出昨日的波幅范围，价格反弹上破当日收盘价，便可以进场顺势做多，因为预期会出现低开高收的情况。若价位下破当日波幅下限，则可以进场做空，直到收市前平仓，因为预期价格将延续昨日的跌势。

操作二：如果开盘价低于昨日收盘价。

第一，开盘 30 分钟后，如果价格上破昨日最高位，进场做多（买入）；如果价格下破昨日最低位，进场做空（卖出）。

第二，在交易日中段，若价格上破昨日的收盘价，可进场买入；若下破昨日最低价，则进场卖出。

第三，在收盘前 35 分钟，若上破当天开盘以来产生波幅的上限，可进场做多（买入）；而下破开盘以来若产生波幅的下限便可进场做空（卖出）。

以上分析以图示说明（图 8 - 4 和图 8 - 5）。

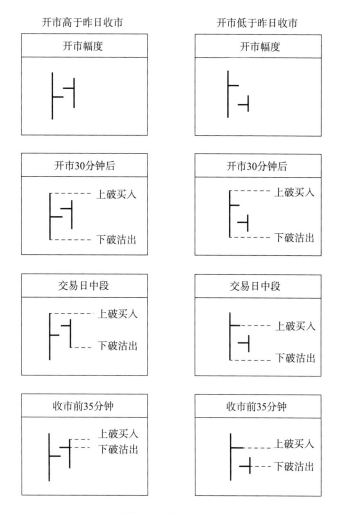

图 8 - 4　价格上升背景下的两种操作方案

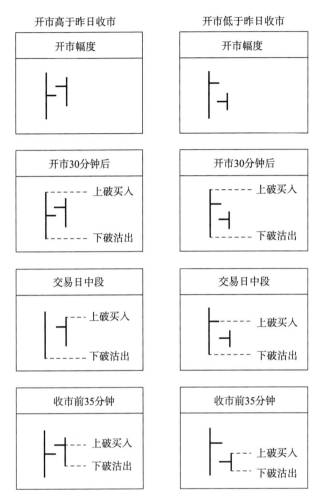

图 8 – 5　价格下跌背景下的两种操作方案

上述讨论使我们意识到日内交易一定要事先做足功课，缜密思考之后再进行盘前布局，随后通过对开盘后的半小时或 1 小时的观察，修正预期，制定策略，决定做多或做空。只有将昨日甚至前日的走势了然于心，不仅掌握昨日最后半小时或一小时 K 线的开盘价、收盘价、最高点、最低点，还要判断它们于当天开盘价、收盘价、最高点、最低点及相互之间可能存在的逻辑关系，揣摩背后的市场心理和情绪，才能在 5 分钟窗口精准入场。实际操作中，日内趋势交易者以窗口走势的价量关系、通道、点数图、布林带技术指标为主；短线交易者以相对强弱指标、随机指标与资金流量指标为主要参考。

选择30分钟或是1小时作为窗口来观察预判行情因人而异。日内交易强调开盘前30分钟交易的重要性，它是一天中最需要技巧的时段，决定后面数小时的买卖策略，尤其是当市场已经做好上涨和下跌的态势的时候。对外汇做市商和主力机构来说，这是一天中他们最具优势的时间，因为经过一夜以及开盘之前的买/卖单的积累，市场提前向他们提供了市场的供求态势，类似于提供了内部信息，而这些信息又给了他们能够影响开盘价的强大能力。外汇做市商和大型机构常会用开盘时大幅跳空做成多头/空头陷阱。如果是震荡市，开盘价很容易受到个别买卖盘的影响，以致出现价格偏高或偏低的情况，但开头几分钟往往由于缺乏跟风盘市场会很快作出调整，从而使价格回到买卖双方都有兴趣交易的水平。所以，开盘前30分钟反映了市场倾向与情绪，经过买卖博弈测试了当天的支持位及阻力位，若价格突破了盘初30分钟波幅区间的支撑位或阻力位，说明有影响市场的新因素出现，并已经改变了开盘头30分钟的供求关系。因此，开盘头30分钟静观其变是比较稳健的做法。

我们关注开盘后的前30分钟，还因为这种策略的风险和收益特征比较中性，主要以昨日波幅及当日的盘初波幅做综合考虑来判断开盘后价格第一波运动产生的支持位/阻力位，如出现较明确的买卖信号才会及时进场。外汇价格波动很快，有时半小时已经波幅颇大，开盘后的波幅常常达到日均波幅的2/3，之后，整天的行情只是反复上落。一般来说，如抓不住上午的交易机会，你就错失了日内入市良机；如果预判错误，在第一波中你就亏损20~30个点，那么当天就很难再反败为胜。

交易日的午餐时间，大多数人认为是博取微利的时机，同时，这也是蕴含下午逆势大反转的趋势。午餐以后，我们的注意力就应该集中在当天上午已经产生的波幅的上下限，并提前给这个区间设定斐波那契比率，为突发的突破、回调或反弹做准备。

一般情况下，尾盘的35分钟周期内市场相当敏感，尾盘必定有获利回吐或止损平仓出现，方向既定，很少会有反复。最后15分钟可用来判断价格会继续向上还是向下。如果是趋势突破，价格已突破昨日的高点或低点以及当日波幅的高点或低点，那么，最后半小时走势的继续是下个市场走势的方向性领先指标。

四、午后行情逆转

日内交易一天分上午、下午两段，所以常遇到的一种典型的时间—价格走势就是午后逆转。在大多数交易日内，有两个时段最容易出现趋势性走势：开盘后的第 1 个小时和收盘前 1 小时。为了对日内交易有一个完整的认识，我们需要讨论如何驾驭午后产生的逆向趋势。午后逆转的出现有如下原因：

第一，在上午时段，主要是承接隔夜走势价格继续走强，背景原因是有重要的经济数据或重大事件发生，从而引发市场情绪发生较大变化。

第二，从市场交易群体的结构看，东京、中国香港、新加坡和国内的大部分投机性交易盘，都十分重视每天开盘后以东京市场为指引的前两个小时的交易。这个时段交易最为活跃，也最容易出现日内主波段或单边走势。短线交易者倾向于在中午前后平常出局，行情出现回调。

第三，上午盘价格运行的幅度过大，午间休息之前已出现获利回吐，且回调接近 50%，市场观点和情绪有可能从看多转变为担心午后续跌。如果午后的逆转行情持续放量，价格跌破 50%，下跌趋势就成为大概率事件。

第四，这种午后逆转可能出现在午后初始，也可能价格稍微碰一下支撑位（原来的阻力位），形成一波弱势反弹，然后掉头大幅下挫；有时价格会横盘较长的时间，然后开始反转走势，这些都是主力有意扫清上方的空头止损单，套牢多头。

图 8-6 给出了 4 种我们最熟悉的午后逆转的走法。只要仔细地观察就可以看出，很多时候，时间—价格法则在大多数短时间周期里都存在。在亚洲交易时段以北京时间一天为周期，上午一波上涨，下午一波下跌，本身就是一个非常标准的时间—价格对称性走法。

午后逆转顺势交易非常适合于业余炒手或同时使用多个系统的交易者。你既可以在午间 12 点之后每隔几分钟寻找值得交易的货币对进行交易，也可以使用当日多周期交易框架来捕捉交易机会。一旦你找到了合适的时机，你就可以设置追踪止损点，并可以设定提前几分钟以收盘价市价平仓出局。

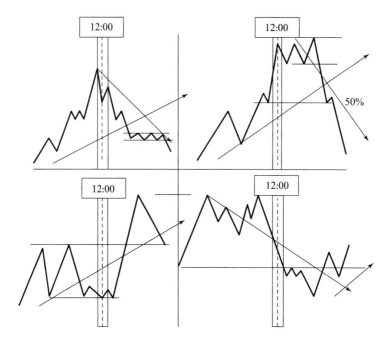

图 8－6　午后逆转走势的价格形态

　　使用这种方法交易，是因为我们相信主导趋势转变的势头即将发生，这种信念植根于达到顶峰卖出的认知，午后充满着这些达到顶峰的时刻，这使该策略成为日内交易中胜算较高的方法之一。上午盘到接近午休前，往往疯狂买入或卖出的活动达到顶峰，通过观察图/表，我们可以非常容易地辨认出超买、超卖，以及同时出现的高于平均水平的成交量。这种顶峰很容易被辨识，一旦产生走势逆转，价格直到收市不再回头。午后逆转的走势，其价格波动比较剧烈，因此在确认一个进入信号之前，需要时刻提防逆向的短趋势产生的干扰。如果时间已经接近下午 3 点你还没有找准时机，那么就不必再枉费心机了。

五、博反弹：尾盘 30 分

　　外汇市场的特殊结构使尾盘的博反弹胜率较大，这样的短线逆势波动能带来相当不错的短线收益，但它也有风险。如果你是逆势抢反弹（在上一级时间周期上的主流趋势依然），有可能风险会很大；如果趋势走的时间已经足够长，你进去博尾盘的获利回吐胜算较高。尾盘 30 分钟博反弹盈利是为那些专注于最短时间周期、风险承受能力较强的交易者准备的。

一般来说，尾盘博反弹分两种情况，如果下午的趋势依旧强劲，那么博反弹容易成功；下午的趋势出现震荡，博反弹风险就大。价格触及预计的重要支撑位，反弹就会提前，获利回补和趁低吸纳成交量就会较大，反弹速度就很快。在后一种情况下，交易者一定要快进快出，注意价格是否创短期新高，衡量的标准是前一根 K 线的 50% 是否被超过，或者实体较短但形成一根长的上/下影线，这种情况就可能出现新的一波向上/向下趋势。在有趋势性行情的尾盘的 15 分钟、10 分钟和最后 3 分钟里，都有可能出现这种走法，在威可夫那里称之为 "弹簧效应"（Spring）——它是我将在后面介绍的 "三线反转" 模式中最典型的一种。

相反，如果是一波突破性的强劲上涨，没有回头，那么，最后 30 分钟，会有大量的获利回补盘出现，价格很可能抽回到刚突破的阻力位之下，或再反弹到阻力位之上，这是 "冲高回落"。"冲高回落" 是 "弹簧效应" 的镜像，它也可以是对短期支撑的确认（过去的阻力位现在成了支撑位）。一般来说，主力在头部进行派发的情况最复杂，主力的派发必须在高位分几次才能完成，所以，此时博短线反弹的风险更大。

博反弹同时使用 1 分钟和 5 分钟的窗口比较合适。密切盯住时间—价格的关系，以 1 分钟为单位来数 K 线，以 5 分钟来衡量波段，止盈/止损位放在事先预计的波段幅度的第一或第二个斐波那契数值上。更简单的办法就是你每次进去博反弹，自己的目标很明确，比如说就赚 5 个点或者 10 个点，不慌乱，不贪婪，进去的点就是你的止损点，价格达到既定的盈利目标后就迅速平仓出局。

总之，尾盘半小时博反弹是一项高度专业的技巧。它更像是一种凭直觉的交易，不允许你有丝毫的犹豫和胆怯，要求你对最后 30 分钟的短趋势强弱有一个快速而明确的判断：是正常的回补行情，还是超卖/超买之后的行情反转？同时要严防出现回测、假突破、震仓之类的多/空陷阱。一般来说，尾盘博反弹有如下 "通则"：

第一，需要你有更多的自信、果断、勇气和谨慎；

第二，无论成败只做一次交易；

第三，无论输赢一次建仓不再变动；

第四，坚持快进、快出；

第五，牢记背景与目标——及时出场。

六、交易周期的选择

要针对日内各个时段可能出现的走势实施有效策略，还需解决一个重要的问题，即你采用何种 K 线周期为主窗口来进行交易。日内交易，大大缩短了一般意义上的长线、中线和短线的时间。

交易一般以速度来区分，一小时以上、包括一小时的叫日内长线。以日内趋势交易是相对比较轻松的，他们要做的事情就是力争在盘初和上午选好品种，开仓后持到收盘时平仓，只要基本方向判断正确，其当天的收益是很可观的。但是日内趋势出现的频率较低，即便有也不容易做足趋势，日内趋势交易者要忍受外汇价格一整天的上下波动。

用 15 分钟或 30 分钟的窗口来操作的叫中线或波段交易。外汇交易中线交易者最多，波段交易的目的是抓住日内交易中的中等程度波动，中等程度是指持续一两个小时和一个上午或下午时间段的趋势行情。抓住中间波段，好处是交易频率较短线交易大为降低，这样可以比较从容地仔细分析行情，波段交易的收益率也相对较高，为此承担的风险也不太大，符合中庸之道。抓住波段也需要较高的专业技能，这一技能的核心就是及时捕捉拐点，或者说确认支撑位和阻力位，这需要多年的交易沉淀。

15 分钟以下为短线交易，目的是通过持有较短头寸来获得利润。一般认为，15 分钟到 5 分钟之间，为日内典型短线交易，一天进出 10 来次。短线交易是想赚快钱，快速介入较为明确的涨跌，快进快出，使账户资金持续积少成多。短线交易的特点是单次的输赢都不大，只要正确率高，收益前景似乎都不错，但实际上短线交易比较难，外汇短线波动难以琢磨，要获得较高的准确率需要经历长期的专业训练和长期的经验积累。短线交易眼睛离不开盘面，比较耗费体力、精力，容易使交易者随时处于紧张状态，一天下来疲惫不堪。

5 分钟以下为快频交易，一天进出 10～50 次。头寸持有时间短到几微秒到 1 分钟叫作高频交易，这种系统一天交易 50 次以上。

不同交易周期的优劣是不同的，所以它必须适合你的交易目标、个性和风险承受能力。你首先要用历史数据进行回测，再放到实践中去试用一段时间。选择最优的交易周期能有效实施你的交易策略，同时也使你在选择中找到某种平衡。

优化交易周期除了主观因素，还要从下述几个方面进行考虑：

第一，交易手续费。交易手续费是交易者付给经纪商的佣金，是交易利润的损失项，交易频率越高，手续费就越多。

第二，交易机会。交易机会是一定时间内可以开平仓的次数，它是影响年收益的重要变量，因为年收入 =（平均每次盈利额 × 正确率 − 平均每次亏损额 × 失败率）× 交易次数，如果括号里的值为正数，交易次数越多总盈利就越多。但要注意的是，交易次数和平均盈亏额成反比关系，交易频次越高其追求的目标利润就越小，相应的止损也越小，交易次数就越多。

第三，冲击成本。冲击成本是交易的隐形费用，是交易者为了快速成交缺乏耐心而付出的沉重代价，在实践中常常以对手价成交，其冲击成本较大的滑点带来的亏损是交易手续费的数倍之多。

第四，交易的难易程度。如果是主观交易，交易频次越高，留给交易者理性思考的时间就越短，越容易出错。即使是程序化交易，虽然没有执行的问题，但更多的手续费和滑点让交易者想盈利也不容易，所以交易频次越高，就越不容易成功。

第五，对交易硬件的要求。交易频次越高对交易的软硬件的要求越高，高频交易对网络速度和交易速度的要求达到极致，基础投入自然就多。

第六，总资金的收益率曲线的稳定性。交易业绩的稳定性不仅需要有很好的风控能力和相适应的策略，还需要一定数量的交易来支撑。统计数字表明，年交易次数低于 100 次的账户，其日内交易收益的稳定性都不高。

所以正式交易之前，经过反复测试，优化中找平衡，选择一个适合自己交易风格的交易周期是十分重要的，它能够使你避免过度交易，减轻压力，减少风险，同时又能使你的交易利润稳定增长。

第9章

短线交易的工具、方法与技巧

精明的波段交易者知道后几小时保持正确的概率要远远优于在以后几天内保持正确的概率；精明的超短线交易者知道在后几分钟保持正确的概率要远远高于在后几小时保持正确的概率——你永远不要忽略这样的事实，优秀的操盘手是真正老练的赌徒。尽管事情没有绝对，但是交易者通过一个缩短了的时间框架能够使市场的概率向有利于他们的方向倾斜，这也是为什么好的操盘手或交易者的市场观点和操作方法都是定位于短时间框架的。

日内交易的深水区就是如何辨识主波段、计算各档支撑位/阻力位及预测日内趋势、如何进场/出场、读懂缺口和处理不可避免的回调，为此，你还需要优化交易周期，建立一个多重时间窗口分析框架。

一、日内交易主旋律：交易主波段

外汇日内交易的核心可用一句话概括：交易日内的主波段。为什么？因为能做日内长线交易固然好，但像样的趋势不常有，而每天更多的交易机会是波段或者说区间交易。在各种波段中，主波段是最符合时间—价格法则的价格波动形式，对交易来说，它在风险/收益上达到了最好的平衡。主波段是"就在这儿"的纯粹价格运动，它的高点、低点构成了一个区间的上沿和下沿，价格在区间重复上下，而在这两条水平线上（支撑位/阻力位）可以使你进行双向交易，如果产生突破，那么，同方向、至少同等幅度的新一波价格变动就延伸成了趋势，对注重单边交易的日内趋势交易者来说，这是他们最希望出现的情况，在这种情况下，即便是到了收盘时，价格回调到0.618%，平仓后仍有盈利。

我们强调在盘初 30 分钟内轻易不要动手，就是为了给自己一个评估、判断的时间。在 30 分钟以下的时间周期里，平均目标盈利空间高于 15 个点的机会较少，而在 30 分钟以上的交易窗口里，你会找到 20、30 个点乃至更宽的区间，如果你能够在阻力位/支撑位附近一次或者多次下单，抓住一次或多次区间交易机会，一天下来盈利就非常可观。"擒贼先擒王"，交易主波段是日内交易的主旋律，是一天价格上下波动的轴心，是你利润的主要来源。

在一天为周期的交易中，价格表现出来的波段形式各式各样，它们可以是有方向感的直线、回调或反弹，也可以是一连串无方向的极小的水平波动，波段有长有短，有强有弱，有次波段，有主波段，两三波连成一气就成了趋势性的日内单边大波段。如果开头半小时和后来的半小时连接成同方向的一段行情，谁都会说"今天有趋势"，然而没有人事先就能说出哪里是主波段的上限或下线，这说明辨识日内交易中出现的形形色色的波动中的主波段是非常困难的。波段判断之所以困难，首先是因为确定"拐点"（关键的支撑位和主力位）非常困难，任何拐点的单根 K 线预先无法都判断，都是事后才能确认。

识别主波段有下述标准：

第一，在大多数情况下，开盘后前 30 分钟到 1 小时会出现第一波波幅，这个波幅应该实现平均日波幅的一半或接近这个水平。

第二，主波段的高点和低点形成了明显的阻力位和支撑位，两者之间形成了一个交易区间，它给后来的价格反复波动留下了空间，提供了一个可衡量的区间框架。

第三，多数情况下，主波段在上午和下午各出现一段，如果趋势强劲，那么下午的走势很可能出现一个新的区间震荡，在这个区间里会出现多个次级波段。

第四，一般情况下，主波段的上限和下限会有多次受到测试和尝试的突破，一旦真的突破发生，大多数情况下会出现一个同等幅度的新区间，即基于第一波的单边趋势。

交易是经验性的，很像工匠做活，要经过长期训练才能成功。大部分交易新手对时间—价格分析得不够，原因在于他们缺乏耐心，不肯等待最好的交易机会出现。在一天六七个小时的交易时间里，真正不错的趋势可能只会持续 15 分钟和 30 分钟。

交易良机稍纵即逝，所以你必须培养自己的眼力，能够及时辨别出可交易的主波段。为了练习眼力，你不妨经常打印盘后 3 分钟、15 分钟、30 分钟的 K 线走势图，用开盘 30 分钟出现的高点和低点画出上下两条水平线，然后观察这一波的区间波幅有多大，后来的价格又是如何穿越这些高点（阻力位）和低点（支撑位）的，然后你就会明白，盘中价格反复回测和尝试突破最高或最低点都是预演，价格迟早会朝某个方向突破，形成一段真正的趋势。如果区间宽度符合你的目标，你就多翻空、空翻多地操作，如果区间过于窄小，就先观望，避开起伏不定造成的市场噪音，看准时机再入场。

这种训练还能使你明白为什么拐点或者说支撑位和阻力位只有在事后才能确定。价格经常会瞬间突破最高点和最低点，创造出新的高点和低点，但一般价差只有一两个点。对最高点和最低点的测试有时会发生多次，这就使多数情况下支撑位/阻力位不是一条线，而是一个两三个点的窄幅水平区间，此时不要忽视在阻力位或支撑位附近长时间的横向窄幅波动，这是一种意义非凡的"波段"：如果区间波幅只有两三个点，突然间裂口大开，价格向上飙升或者向下快跌五六个点，那么，毫无疑问，真突破及新一轮趋势开始了，背后的逻辑是，一旦主力吸筹完毕，决定让价格摆动到一个新的区间时，必定先有意制造假突破，目的是扫清上方或下方的止损单，然后再让价格向它选定的方向快速运动；主力不愿意让对手方的止损单成为坐享其成的跟风盘，因为对手方的持续获利回吐将成为新趋势运动过程中的重大障碍，主力必须吸收这些数量可观的"浮筹"才能使价格继续下跌，这就增加了主力做盘的成本，认识到这一点，无论是对进场还是出场都意义重大。

上述讨论使我们意识到，要做好主波段必须要能够量化，因为只有事先轻松设定区间的各档潜在的阻力位和支撑位，同时能计算出一旦突破上涨或下跌的波幅是多少，才会胸有成竹，沉着应对快速变动的价格。一个简单的方法是就是把斐波那契数列直接叠加到第一波价格运动创造的区间里，此时出现的数值就是这个主波段或区间的各档支撑位和阻力位。同时，你还要数一下价格走到关键支撑位或阻力位时各用了几根 K 线，判断价格重复上下波动可能持续的时间或产生突破的可能性。

"时间"或者说"周期"这个概念源自江恩，他最大的贡献就是强调任何一种市场走势图上的"老底""老顶"及 50% 中间位的重要性。在很多情况下，我们只不过在更小的时间框架内运用了他的有关时间—价格周期的观点。

除了百分比，江恩也喜欢用斐波那契数列确定行情周期或价格投射点。做日内波段交易，你必须将两者的数据都熟记在心，比如，价格突破 50% 后上摸到了 0.618，对喜欢用斐波那契数列的人来说这是遇到了阻力，很正常，但对我来说，会理解为如果价格在 50% 线受到支撑，就有可能重新上破 0.618，真实的趋势就会出现；如果下破 50%，那么先前的突破就是一个假突破，就要赶紧止损。这里突出的是 50% 的重要性。50% 是百分比和斐波那契数列两者共同的最关键的支撑位/阻力位是市场多空博弈唯一真实的平衡点，用威可夫的话说，在这一关键点位上，只要买卖双方中任何一方再加上一根羽毛，就可以让整个趋势反转。

二、波段的评估与计算

在一般人眼里，外汇的场外短线交易是最典型的"主观交易"。令人遗憾的是，时至今日，许多市场参与者对"主观交易"和"量化交易"这两个概念的理解还停留在令人吃惊的肤浅水平。和那些整天伏案工作的建模金融师相比，能够快速短线交易的操盘手其实比他们"更量化"。殊不知技术分析交易本身就是一个量化系统，它诞生的历史比数理金融至少早 200 年，不同的只是主观交易者量化的对象是市场情绪，而自动化交易的信奉者量化的是历史数据。

两段法本身很简单，也很主观，但它仍基于量化。一笔操作的量化程度越高、符合的参数越多，可能得到的结果就越好。我们把一天的时间分成两个主波段来分析，量化的程度就会更加精准：一天两段主波段，单边趋势视为由持续时间和强度相等的 2~3 个主波段构成，第一波趋势形成之后，市场往往会出现一个平衡点，找出平衡点，稍做计算，就能确立第二波趋势的关键指标：市场将往哪里去，何时达到哪里，以及交易者必须承受的风险极值是多少。

衡量第一波的步骤如下：

第一，衡量低点到高点或者从高点到低点的宽度；

第二，衡量走势所花的时间。

我们看一下图 9-1（5 分钟线图），盘初的一个半小时走完了第一波，用了 18 根 5 分钟的 K 线，其含义就是如果出现重复走势的第二波，同样需要这么长的时间才能走出和第一波趋势同样的幅度——当然这都不是绝对的。

在日内交易中，主波段会随时发展成为趋势，那么我们不禁要问，这一趋势的目标价位应该在哪里呢？在这一过程中有几档阻力位/支撑位呢？前面我们介绍了点数图，这里我们集中介绍如何使用斐波那契数列来预期、计算主波段区间被突破后可能产生的波幅——当然，你也可以使用百分比，这种方法本来就是很主观的。

斐波那契分析其本身就是一个独立的技术系统，回调是这一系统中最容易理解、最简单实用的技巧，它是斐波那契分析系统的核心。具体操作是，在走势图上确定两个有意义的极值点——高点和低点（所谓的支撑位/阻力位），在两点之间划一条竖线，然后在两个点之间的关键斐波那契比率（23.6%、38.2%、50%、61.8% 及 100%）处绘制一系列水平线；其中，38.2%、50%、61.8% 这三个比率价格经常触及，容易出现价格聚集现象，其他两个数值出现价格触及的频率不够高。这些比率表示的是你所识别出的最高点和最低点之间垂直距离上的价格比例，在金融图/表分析中具有非常重要的地位，因为它们代表支撑和阻力区域，在很多种情况下你会看到价格遇到这些线条受阻回调，直到穿透线条位置，遇到下一根线时同样的情形重复发生回调现象。斐波那契回调的预测能力使你可以提前预见支撑或阻力水平，斐波那契比率的简便性使它成为外汇交易中普遍使用的一种分析工具。

比率线就是我们心目中的支撑位或阻力位，它也不是一条单纯的水平线。比率线被触及得越多，多空博弈留下的痕迹越明显，两次就可能成为 M 顶，三次就可能成为三重顶，反之亦然。这里要提醒的是，不是所有的头寸和品种都适合这一数列分析，你要先在历史走势图上试用，看看这一产品的行情走势是否具有明显的斐波那契数列的技术特征：主流货币都有很好的技术形态，欧元、纽元、瑞郎的价格走势均有很好的斐波那契回调比率技术特征。

图 9 - 1 是美元/瑞郎一小时的走势图，斐波那契数列分别为 38%、50%、61.8%，明显地成为重要的阻力位和支撑位，精确度较高。回调水平线的价值就在于它能预测主要价格转折点，有时价格会在回调水平上有所停顿，而当价格太强或太弱时，可能会直接穿透当前水平，到达下一个回调水平。

图 9 - 1　美元/瑞郎走势，1 小时图，斐波那契数列

在日内波段交易中，当价格突破第一个主波段区间并出现第二个波段时，我们还可以使用斐波那契数列这个工具来计算可能产生的新的一波的波幅，测算出 3 个重要的目标价格，方法非常简单：

第一，只要将盘中的高点或低点分别乘以斐波那契数列，再把计算出来的数值加到或减到盘中的高点和低点上。

第二，主要的斐波那契数列是 1.382、1.618、2.236。

何时选择盘中高点和低点比较随意，你可以等开盘后 1 小时，或者更长、更短的时间再框定交易区间。盘初区间几乎总是随着交易的进行而扩大的。有些交易日，价格会突破第一个主波段再涨一个同样的波幅，然后反转下跌，再跌回第一个主波段的支撑位，但这都是极端情况。一般来说，价格突破第一波段的上限或下限，会继续向上或向下，触及一个或两个斐波那契值。下面举例说明，假设欧元/美元的交易区间数值如下（见图 9 - 2），计算得出预测数字：

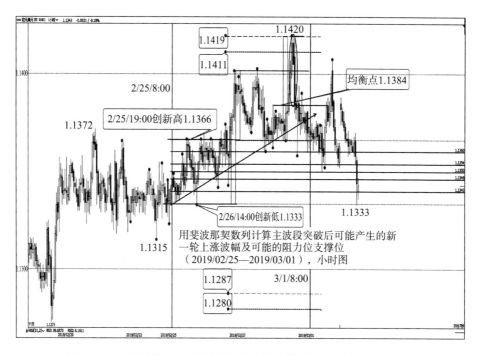

图 9 - 2　用斐波那契数列预测突破后新一轮涨幅及支撑位与阻力位

高点：1.1366

低点：1.1333

区间：33

盘出区间：$33 \times 1.382 = 45.60$

盘出区间：$33 \times 1.618 = 53.39$

盘出区间：$33 \times 2.236 = 73.89$

盘出高点：$1.1366 + 45.60 = 1.1411$

盘出高点：1.1366 + 53.39 = 1.1419

盘出高点：1.1366 + 73.89 = 1.1440

盘初低点：1.1333 − 45.60 = 1.1287

盘初低点：1.1333 − 53.39 = 1.1280

盘初低点：1.1333 − 73.89 = 1.1259

　　从图中可看出，2 月 25 日的行情颇为震荡，直到 19 点才创新高 1.1366，26 日下午 2 点创新低 1.1333，区间幅度为 33 个点。随后一天，价格两次冲高 1.1366 均未果，说明盘中向上做多心态积极，1.366 成为重要阻力位。价格回落至区间继续震荡，底部抬高至 1.1346 一线。27 日凌晨 1:00，价格向上突破成立，创新高 1.1374。于是，我们需要预测价格上行的幅度，以及这一过程中可能存在的支撑位/阻力位。在我们进行分析的五个交易日内，价格呈明显的两段走势，28 日晚 19 点，价格完成第二个主波段，创新高 1.1420，与我们预测的斐波那契数列的第二个值只差一个点；同时，我们在许多关键点位上都看到了"三线反转"的精准现身，如价格于 1.1420 创新高后，先出现内孕线，一根不大的小阴线，随后一小时出现了暴跌，一阴盖三阳，这是三线反转形态的极端形式，我称之为"吞没"。

　　日内波段交易有了斐波那契数列或类似的工具是否就万事大吉了呢？显然不是，除非交易者懂得如何在交易中游刃有余地驾驭这些信息或工具。死搬硬套给我们的帮助是有限的，甚至会有认知误区，有经验的交易者是将盘初的交易区间视为轴心，在支撑区买进，在阻力区卖出。市场在支撑和阻力间来回游走，区间宽度似乎不大，但当我们把涨势和跌势的每段利润相加，累计的收益却相当可观。有时多空之间发生多个拉锯式的上下反复，才会实现区间突破，但最重要的莫过于第 3 次测试，这也就是所谓的三重底或三重顶：无论是上穿阻力位，或者是下探支撑位，强劲的走势往往在第 2 个测试之后就开始突破，一旦价格摆动到一个新的区间，就又会在新的区间里开始盘整，并上下波动，有时就以盘整的行情收市。

　　波段交易必须理解市场行为的心理：只要价格不断上下反复，那些等待突破走势的人就会继续在场外观望，他们不想被盘整区里上演的拉锯战清理出场；已经进场的人，则不得不在价格区间的上方和下方挂上止损单，但这些止损单很容易成为对手方的标靶，触发这些止损单最明显的迹象就是市场创新高或创新低，之后又马上回调和反弹，这是因为市场穿越盘中高点创下新高时，等待行情突破的交易者会忙着买进，空头也同样在出现新低时急着回补，存心扫清止损单的主力，趁机倒货给这些倒霉的"突破顺势交易者"。波段区间上限的冲高回落和底部的震仓都是陷阱，千万要小心，尤其是在一波趋势的末端，价格从关键的点位又折回区间的概率较高，这时可能会发生两种情况：要么价格稍有回撤再度发动攻势，试探或突破前期高点；要么无功而返，一波比一波低，一直跌穿底部。

三、日内顺势交易

强调波段交易并不意味着我们要放弃日内趋势交易。我们都知道，任何交易只有跟上趋势，顺势操作，才能赚大钱，相对来说，日内交易单边趋势更为少见，但我们仍不能坐失良机。

波段交易中的趋势很短，是"微趋势"，道理很简单：多空博弈的头寸变化也需要时间，而这种变化在短时间里很难看清。比如，在5分钟的窗口里，无论是一段上涨还是一段下跌，都可以看作是一个微趋势。这时的价格只有一个运行方向，你不必忍受价格的逆势波动，也不必在乎市场背景的变化，即使这个短趋势实际情况对你不利，带来的亏损也是轻微的。相反，持仓时间越长（如半小时窗口），不确定性越多，你会一直担心遭遇各类交易者进进出出的博杀带来的充满不确定性的价格波动。而做短线就意味着你的止损也很窄，一不小心，一个大一点儿的回调就会把你清洗出局。捕捉日内趋势的困难在于虽然日内趋势交易允许你在进场时保留适当的灵活性，却不能原谅自己犯下任何严重的错误。识别真假突破和及时搭上顺风车是日内趋势交易成功的关键。

假设，你的判断是价格会向上突破，你可能不会在波段区间的震荡行情中入场，而是等到突破发生后再下单，常见的做法是许多交易者喜欢在紧靠上限的上方预先埋下买单。提前开仓具有一定的风险，而且统计数据证明这种开仓方法长期的整体效果并不好，一旦主力发力买进，走势瞬间穿越上方阻力位，你就成了一堆多头抢着出价买入的追涨者之一。最终的成交价格会高得吓人，这就意味着价差高或滑点大。

这种情况下的最大潜在风险，是你买进的大部分筹码出自正在积极高抛的卖家。价格向上突破是主力虚晃一枪，扫掉上方的空头止损盘便扭头反转，急速下跌。思想上还没有做好准备的你，还在犹豫，为了稳住你，主力很可能接下来会给你一个短实体的阳线，然后，不再"救"你，真正跌势开始了，且不再回头。这时你才大吃一惊，行情突然反转，且下跌的速度如此之快，如惊弓之鸟的你没来得及深思熟虑就止损出场。亏损使你失去信心，即使行情后来被证明下跌仅是确认阻力（现在的支撑）的回测，你先前的预期是正确的，行情正从你身旁呼啸而过，你也不敢再立即跟进。同样，市场已经一边倒了，你也不会立即采用多翻空的策略，加入正确的一边。其实，你对亏损的恐惧心理达到的效果正是对手方所期待的，说到底，只有你犯错，他们才会赢。市场天生就是被设计成愚弄尽可能多的人，防范出错的唯一办法是要你能够深刻理解市场行为的内在结构。

一天两段法使我们心里有一个大概的估计，一天或许有上午一次和下午一次的主波段或"微趋势"出现，两个主波段连在一起，发展成为一个较强的日内单边趋势。在盘中预判这种单边趋势出现时的具体做法如下：

首先，你已进入一个主波段，并且盈利了区间的50%，使你已经有了一个安全垫，同时，系统向你提供了价格摆动到同方向的一个新区间所需要的信号：行情持续时间、价格运动的距离及走势强弱。由此，你能潜在地决定接下来的行情中你能承担的最大的风险、价格可能达到的目标位及合理的止损位。

其次，这一主波段的区间宽度接近、大于日均波幅度的50%，由于短线盘中的走势往往很快形成，跑起来总倾向于往一个方向，接下来的波动经常会成为前面行情的持续和复制。这意味着不但你及时进场后就会盈利，而且盈利还会持续非常确定。

再次，系统确认有意义的突破已经发生。抓住日内趋势就是从波段区间的突破出发，及时搭上顺风车——或仓位反转，或顺势交易，直到收盘前平仓。这就是你要找的日内交易趋势——单边快跑。

最后，衡量当下市场走势的强弱。日内交易我习惯使用15分钟或30分钟的价格强度指数，据此判断产生趋势行情的可能性以及趋势产生后的走势强弱。

衡量趋势强度的方法很简单：若你想抓住日内趋势或只想做下一个主波段，那么可以选择用 30 分钟的数据来计算；如果想更全面地衡量市场近期的强度，你也可以考虑使用 60 分钟数据或日线来衡量 3~5 天周期的强度。构建价格短期趋势的背景，是为了形成自己的观点，增强自信，保持定力。外汇市场昨天的强势通常会被今天的弱势所抵消，开盘一小时的涨势，接下来最有可能是同样一波跌势，你必须从一个单一的角度、用一种简单的工具来解读市场强度，预判价格下一步的变动。

一日强度指数这个公式是根据一个交易日内的收盘价与整体交易区间的关系，计算出的一个百分比数值，公式很简单，收盘价减去最低价乘以100，再除以最高价减去最低价，等于市场强度指数，具体公式如下：

$$\frac{(收盘价 - 最低价) \times 100}{最高价 - 最低价} = 市场强度指数$$

在实际操作中，甚至不用计算，仅从收盘价落在交易区间的具体位置就能大略估算出这个数字。解读的方法是：收盘价落在交易区间的高处，这个数字是 100，收盘价落在区间低处数值为零，中部则为 50%。以此类推。

假设，欧元/美元合约汇率的交易区间和收盘价的最高价为 1.2115，最低价为 1.9955，收盘价为 1.2005，把数字带入上述公式：

$$\frac{(1.2005 - 1.9955) \times 100}{1.2115 - 1.9955} = 78\%$$

78% 高于 50%，表示市场看涨，会继续高走。这里要强调一下"一般情况"——在连续上涨和连续下跌的走势中，总会出现回调和反弹。在毫不停留的强势中，老练的交易者不会在区间头部追涨，在"不言底"的跌势中，他们也不会在短线"封套内"买进。在这两种市况下，如第 2 根线继续高开和低开，很可能表示价格趋势将持续。

如果做夜盘，我就会采用 1 小时的价格来测量当下的或者说日内市场的强弱。比如上例，78% 指数表示价格很可能会延续到伦敦盘，如果你做夜盘，交易伦敦的欧元，那么市场强弱指标就成了你的领先指标。

四、捕捉日内趋势的最佳工具：布林带

布林带是一个回调系统，顾名思义，它是以约翰·布林格（John

Bollinger）命名的交易工具。与所有的传统技术分析师相比，布林格的突出贡献就是他率先找出了一种量化价格动态波动性质的方法，即把最简单的计算移动平均线的方法和现代性的波动率概念完美地结合在一起，布林带既简单又实用，所以近乎完美，尤其适合捕捉日内趋势。

布林带中轨是一条 20 个单位的简单移动平均线，以其为分界线，根据市价的标准差（2.0）计算，形成上下两个等距离的价格带。对捕捉趋势来说，一根强大的 20 均线就已足够，但是用方差来量化价格的随机波动，就更好地满足了交易者最简单，也最直接的目的：当价格达到或超过上轨与下轨之一时就开始回调（回归均值）；如果价格突破中轨，一般被视为短期产生的突破；如果突破上轨或下轨，该价格就被认为处于超买、超卖状态，或者说应该出现回落或反弹。布林带的这种功能是布林带回调系统的核心。

为了减轻日内趋势监控的压力与繁重的劳作，我用布林带技术设计了一种 4 个主要货币日内趋势同步监控交易系统，即用布林带回调功能来监控每一个头寸的走势，哪个货币先发出趋势交易信号就先交易哪个货币。具体方法是在同一个界面上分割出 4 个方框界面，每个货币的窗口设置了一个布林带，参数为 20，20，2。我还用同样的方法做单一货币的多周期交易，即用布林带在 3~4 个界面监控 3~4 个不同时间周期的走势，以获取相对稳定的收益。

图 9 - 3 是我用一个界面分割出 4 个主要货币的 5 分钟窗口，分别是美元指数、欧元、日元、英镑。从 5 分钟 K 线图的布林带系统分析，美元日内走势几乎垂直上涨，且没有碰到上轨，说明还有上涨的动力，主波段非常明确。日元的 5 分钟 K 线刚击穿中轨，即 20 均线，有望继续下跌，可以做空，止损位设在 20 均线上方。欧元与美元高度相关，但它的走势与美元恰好相反，日内已击穿前期的低点，有望继续下跌。英镑近期走势与欧元一致。相对美元，非美主要货币都是负相关，只不过因各种原因，它们和美元的相关度不同，走势的强弱表现自然也就不一样，这就给我们提供了各品种不同时段的交易机会。

图 9 - 4 用布林带来对欧元/美元汇率进行 4 个时间周期窗口的跟踪监视，效果很不错。图 9 - 4 左边是美元指数，它与欧元负相关 98%，所以

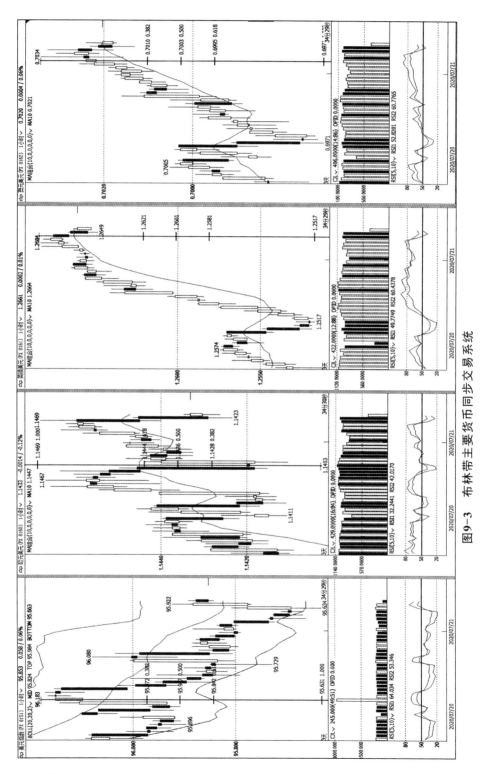

图9-3　布林带主要货币同步交易系统

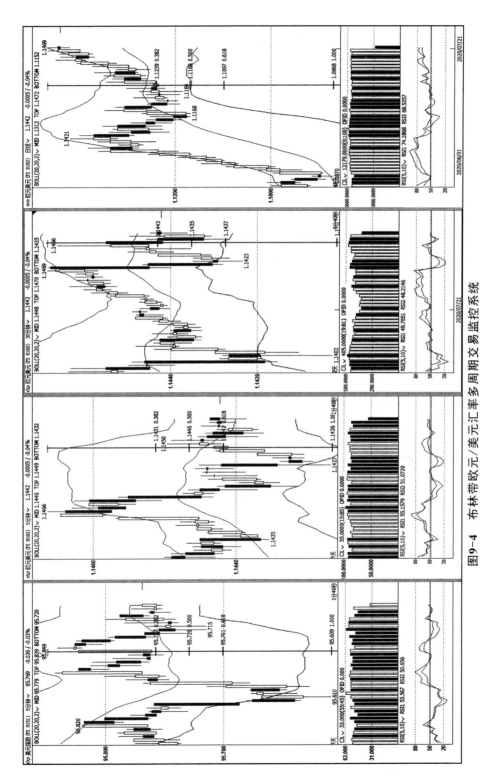

图 9-4　布林带欧元／美元汇率多周期交易监控系统

当我交易欧元时它是我唯一要参考的指标；欧元的窗口分别是日线、半小时、5 分钟。这些只是我自己的系统，以及我的交易习惯。每一个人都应该根据自己的喜好来设定，选择其一作为主要的窗口，其他上下两个窗口的走势作为主窗口的印证指标，跟踪走势并辅助判断。

其实，多周期交易系统对隔夜交易来说更有利，机构交易者常用多周期交易来获得相对较好的收益，或者进行资金分配，用不同的窗口同时交易同一个标的，分散风险，取得稳定的收益。

但布林带有一个致命的缺陷，那就是在强劲的趋势下，该系统往往显得反应不足。布林带的发明者布林格也承认，他的系统只涵盖了 85% 的价格变化，这是很客观的。尽管如此，他的系统在全球交易员最喜欢的指标或系统排名中连续多年排名第一。在我毕生的学识与经验的范围内，就金融交易的技术分析来说，总结出两点：你要想做好趋势交易，必须去读威可夫的著作；如果你想做好波段交易，那么你必须熟悉布林带。两者都掌握了就可以以交易谋生。

这里我们讨论的是短线或超短线日内交易，我认为日内交易的主旋律就是交易日内产生的价格主波段。波段交易再没有比布林带更理想的工具了。布林带的结构非常简单，中间是一条 20 单位的移动平均线，上、下轨各是两个标准差，系统捕捉到 85% 左右的价格变动，同时又由于该系统是开放型的，所以它又带有趋向性。布林带之美就在于它的简单、实用。构建布林带的基础就是一个标准差，它很直观地度量了当下的价格波动率。细心的读者会发现，我还习惯用皮浪尺这一工具在布林带上叠加上三个关键的费波纳奇数列：0.382、0.50、0.618。在交易中，如果这三个关键的支撑位和压力位数据和布林带的上、下轨及 20 移动均线重叠或较长时间缠绕，那么，对未来价格变化的预判准确率会大幅提高。关于布林带的使用，在后面讨论外汇交易的量化建模时还会进一步讨论。

巨人的肩膀总是那么珍贵。在朋友的引荐下，我曾有过一次向朴实无华的布林格先生当面请教的机会。

我问："您的布林带涵盖了 85% 的价格变化，那么剩下的 15% 怎么解决呢？"

他稍稍迟疑了一下，然后悄悄对我说："用威可夫的方法就可以解决。"

我知道，为了解决剩下 15% 的价格不能预测的问题，其实这时的布林格已经发明了后来被普遍使用至今的布林带衍生指标 B% 和布林带宽度指标。窗户纸一捅就破。我熟悉威可夫的方法，而这时的我，更钦佩布林格的坦诚与谦虚。

我不满足，于是又问另外一个问题："我喜欢威可夫，但有一个问题一直解决不了，您的书中提到了如何确定点数图的 box 值，具体如何计算呢？"

他答："方差乘上 0.17"。

我哑口无言，心中却充满了惊喜。这是我长期苦苦思索得不到的答案。一回到家里，我就把一些主要头寸的点数图按照布林格的 box 计算法重新做了一遍，直到今天我一直在用这个"暗箱技术"，不同的只是在点数图上的关键点位上，我用自己的"陈氏方法"做更精准的调整，使它与实盘价格完全一致。

五、多时间窗口分析框架

有效的交易系统在任何市场、任何级别上的时间窗口都应该有效，不同的只是用来交易的时间周期越短，精度要求越高，系统要有所调整，在外汇日内交易中，我们要为其建立一个多时间窗口的分析框架。多重窗口分析使我们能够放大交易细节，获得价格变动的微观态势，并将它与上一级窗口的走势进行比较、印证，提高进出场时机的精准度，所以，多重窗口分析法又称"趋势校准法"。

多重时间窗口分析的灵感来自查尔斯·道的价格趋势三种类型（主要趋势、中级趋势和次要趋势）理论。我们把它运用到外汇市场中，把日内交易策略分为日内趋势交易、日内波段交易和日内短线交易，这样不仅是因为要适合不同的交易风格，重要的是能适应外汇市场价格变动的更高随机性。

对外汇日内交易来说，如果做趋势交易，建议在 1 小时窗口开始分析；波段交易者在 30 分钟、15 分钟的时间窗口寻找机会；而短线和超短线交易者可以用 5 分钟或 3 分钟的交易周期。时间窗口不同，使用的分析工具和相应的策略也就不同，正因为如此，不同类型的日内交易者对价格走势总是持有不同观点，而价格走势又总是处在持续变化中。日内趋势交易者习惯于当天盘初 30 分钟和 1 小时入场，接近收盘时出场；波段交易者可能会在一天里针对支撑位和阻力位构成上下线的各种区间进行区间内交易，可能一天做一次，也可能上下午各做一次交易；而日内短线和超短线交易者是典型的快进快出者，一次交易仅仅持续几十秒、1 分钟或几分钟，一天内多次进出。

多窗口分析系统能够涵盖 5～10 个交易日的 1 小时图或 30 分钟图，通常就足够用于分析货币对的"长期趋势"了；而对波段交易者而言，多窗口分析系统一般可以涵盖过去 3～5 个交易日内的 15 分钟线；无论是日内趋势交易者，还是波段交易者，还是在 5 分钟以下的时间周期里交易的短线交易者，都会在 5 分钟以下的窗口里最终选择进入点和退出点。这就意味着在实际操作中，其实任何交易都存在多窗口分析，其要点如下。

首先，我们的讨论与前面提到的选择交易周期有关，即你要选择哪一个窗口作为主窗口，并要把大部分注意力放到与你的交易风格最为适合的那个窗口上，其他 1～2 个次级窗口是用来放大交易细节、印证你的判断的。假设，你是一位波段交易者，那么，过分关注分析 1 分钟和 3 分钟线就会诱使你过于频繁地交易，而过度操作不但会给你带来较高的交易成本，而且还会使你错失机会。

或许你已经习惯将早晨 8 点到下午 3 点半这一段时间（以东京市场为代表的亚洲时段）作为你的一天交易周期，有人会延长到下午 6 点（做完欧洲上午市），少数人会在晚 8 点到 12 点继续交易。在这里，我们以第一种日交易周期为例进行讨论。

假设，你的主窗口为 60 分钟，一天周期由 7 个 60 分钟组成，换言之，一根日线包含 7 根 60 分钟 K 线，如果趋势明确，哪怕第二、第三个小时你进去都会盈利，这就是为什么专业炒手喜欢用小时窗口来捕捉日内趋势的原因。但是，日内交易意味着你并不只想试图抓住顶部和底部获得高利润，日内交易的基本原则就是，你必须在任何时间级别上只要上涨就做多，只要下跌你就做空；在更多的交易日，在 70% 的时间里，你是在进行日内"主波段"交易。一种历史悠久的交易策略就是将盘初的交易区间视为一天交易的重点或轴点：在支撑位买进，在阻力位卖出，你的盈利目标就是区间价格或上或下中的"一根线"。虽然价格来回游走的幅度似乎不大，但当我们把涨幅和跌幅相加，累计的利润却相当可观。为什么我们总说盘初的 30 分钟和 1 小时创下的区间是一整天行情的轴心？因为日内交易是针对盘中的高点和低点来进行博弈，在外汇交易中，我曾见到过市场多空来回拉锯高达十多次，之后，多方才大获全胜，汇价扶摇直上。如果同方向连续出现两根可以代表主波段的 K 线，我们就确认为趋势出现。

一天的交易时间虽短，但市场行为更为复杂，波段有主次之分，从波段延伸至单边趋势中间必然还会有一波或两三波回调，尾盘还有回吐：时间短意味着止损紧，你高度紧张，急于想用更多的工具和指标来排除短期的不确定性，这就使你客观上需要用多重时间窗口来跟踪、判断各种不同性质的价格变动：用下一级窗口来放大、跟踪主窗口行情的细节和潜在的趋势变化；用更上一级的窗口来印证主窗口的行情强度是否与背景趋势一致；5 分钟的走势还有多久会触及 30 分钟的支撑位/阻力位，等等。

多窗口的操作方法又和你的盈利目标紧密相关。如果你用 1 分钟的窗口，那么就说明你每次交易想盈利 3~5 个点；用 5 分钟的窗口，盈利目标就是 5~10 个点；用 15 分钟的窗口，盈利目标就是 10~15 个点；半小时或 1 小时窗口搏的是整个上午的 20 个点以上的主波段。一旦盘初的第一波波动的最高点、最低点确立，区间就能确立，接下去就得紧盯区间的上沿（阻力位）和下沿（支撑位），而此时一旦出现拐点就要果断介入，顺势而为。很多短线新手只看 1 分钟或 5 分钟的走势图，为什么不看看 15 分钟或 30 分钟的走势图呢？你至少要看两张图——时而放大，时而缩小，来洞察、判断短线走势中每一根 K 线包括它成交量等细节的细致入微的变化。如果你只看 1 分钟走势图，忙着抓取那些小波动，就会很容易"得了芝麻，丢了西瓜"，你的注意力实在应该放在寻找每天两段的波段性趋势上。

交易中最难的就是，我们经常处在一种常态化的模糊地带——难以预期和识别价格短期变化的路径，但只要想到只有一天的时间和机会，我们又不得不尽可能地进行交易。多年来，我看到太多的交易者操作过度，寻找小趋势的诱惑力的确不小，但利润又在哪里呢？要想卓然出众的唯一方法就是专注于风险/收益比最高的交易上，然后积极主动地进行交易。由此可见，从观察盘初的 1 分钟、5 分钟窗口的价格波动到第 1 个主波段确立，再到后来演变成的单边趋势，再到下午收盘时的震荡，使用多个级别的时间窗口，可以使你在行情的迅速变化中见树又见林，灵活机动，游刃有余。由此可见，对日内交易来说，拥有一个多重窗口分析框架有多么重要。

我的操作习惯是：做期货用两个屏幕，做外汇现货就用三个屏，中间那个屏幕上一直保持 30 分钟窗口的走势，左边的是 5 分钟的窗口走势，右边的则是 4 小时的窗口走势。当 30 分钟窗口发出信号时，我就会在 5 分钟窗口上选择中意的点位或进或出；当我看不清盘中短时形势时，我会把 30 分钟窗口变为 4 小时窗口，不断地琢磨、判断潜在的整体市场趋势；总之，实际上我的注意力的中心始终是那个和我个人交易风格和交易目标相一致的 30 分钟窗口。我不仅查看主窗口系统发出的信号与上一时间级别窗口的走势是否保持同方向，更喜欢看到 4 小时的走势图与 30 分钟、5 分钟的走势趋于一致，而 4 小时窗口又与日线窗口完全一致。

选择适合的主窗口依赖于你个人的喜好和交易风格。一般来说，短趋势领先于长趋势，更高一级的时间窗口表现出来的价格趋势比下一级窗口的趋势更加稳定；下一级窗口的价格变化频次高，但结构更加微观，以此来决定进出的点位更加精准。我的经验是：1 根 K 线代表 1 个价格，那么，按照"5 点 4 线"的要求，至少需要 4 到 5 根 K 线才能做出有价值的预判，因此两个窗口之间的时间单位比例最好是 4 到 5 倍——K 线数量的多寡决定信号的强弱或可靠性。

选择窗口是优化策略的过程，可把各种进场策略需要产生的技术信号以及进场后一段时间里的累计盈亏拿来做比较，择优选一。比如，1 分钟窗口与 3 分钟窗口、3 分钟窗口与 15 分钟窗口、15 分钟窗口与 1 小时窗口、1 小时窗口与 4 小时窗口。使用多重窗口分析框架能提高你对行情预判的质量，增强你的自信，使你在市场走势不明确的情况下减少失误。

表 9-1 说明，不同策略的日内交易者会使用不同的时间周期，把这些时间周期（窗口）作为分析的出发点。一步一步往左看。通常可以看到趋势与当前价格的关系，识别支撑位与阻力位；或者一步一步往右看，这么做通常是为了放大趋势的细节，以 5 分钟/3 分钟的短线波动趋势为介入

点，可以使交易更为精准，降低进场风险。

表 9 – 1　三种不同类型的日内交易者

	用途	日内趋势	波段交易者	短线交易者
日内趋势	制定交易策略	1 小时线	30 分钟线	15 分钟线/10 分钟线
日内波段	测算风险收益	30 分钟线	15 分钟线	5 分钟线
日内短线	校准交易时机	5 分钟线	5 分钟线	3 分钟/1 分钟线

图 9 – 5 是按照我自己的习惯和三维交易系统，对欧元/美元的最近走势做的日线、1 小时线和 5 分钟线的多窗口分析，优势一目了然。

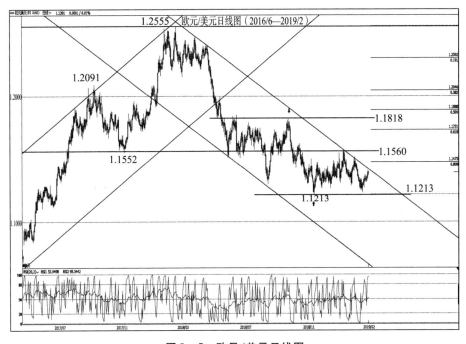

图 9 – 5　欧元/美元日线图

多窗口框架给出的判断是：在日线级别看，欧元/美元近两年走出了一轮"头肩顶"，熊市漫漫仍在途中，可以肯定地说，欧元/美元如果近期跌破 1.1213 支撑位，那么，在这一价位之上的套牢盘尽数平仓，就足以让价格再下摆一个同样的幅度；从头肩顶价格形态的"对称性"来看，欧元/美元在很大概率上会回到 2017 年 1 月 6 号的前期低点 1.0340，如顺势操作就应持续做空欧元/美元。但日内交易不能隔夜持仓，所以只能借助 1

小时图顺势而为。

图9-6显示，欧元/美元从2月19日到2月26日一直在横盘震荡，这种走势使做中线交易的人日子很难熬（区间的上沿1.1372，下沿1.1318）。26日11时截图时，价格接近震荡区间的上沿，尽管处于头部的三角区，但当下依旧很难判断价格会向上突破还是会再次掉头向下，于是，我朝左边看——图9-7的5分钟K线。

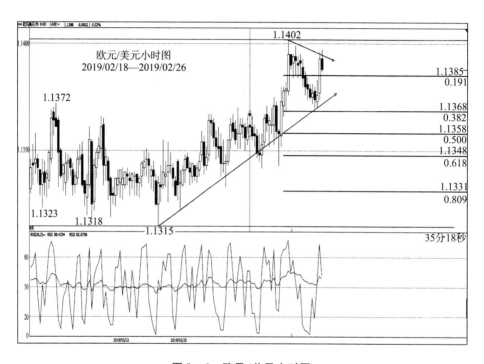

图9-6 欧元/美元小时图

5分钟窗口给出了明确的交易信号：价格上摸通道上轨后掉头向下，同时相对强弱指标向下死叉。我又朝右看——再次温习一遍日线图上的熊市主趋势，日线价格正在由下降通道的上轨与前期低点1.1213形成的水平支撑线构成的向下三角区内摆动，受下降通道上轨的压制，价格继续下行概率很大。于是我果断进场，至下午3点，价格逼近早晨9点半创下的盘中最低点1.1350，平仓出局，盈利17个点。

多时间窗口的框架使你可以衡量市场趋势发生所花的时间长度，或者说价格变化的速度。如果你看的是5分钟K线图，那么，你可以衡量5分

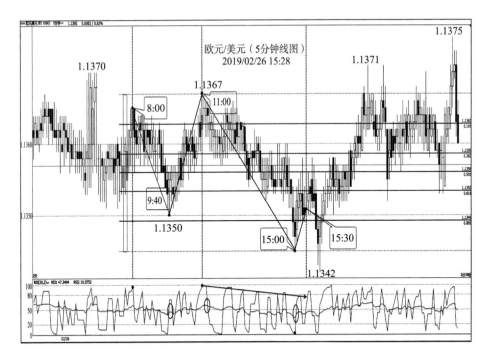

图9-7　欧元/美元5分钟图

钟内价格走了多少；把3根5分钟的K线加在一起，就是15分钟的一波长度和所需要的时间；把4根15分钟K线加在一起，就是一小时的价格变动，以此类推——速度与速度相比，你就能领会趋势正在发生何种变化。

无论是上涨还是下跌，持续一段时间之后，走势会进入获利回吐阶段，价格被压低或者拉高，被称作盘整期，盘整期内通常会有两根K线形成的均衡点，特征是连续两根是收盘价差不多相同的K线。如果你已确定了一个区间的波幅，加上出现的均衡点，你便可用斐波那契数列计算如果发生突破价格的目标价位，以及这一个新的区间的各档支撑位和阻力位，由此你也就能确定自己所能承受的最大风险，如将下方的0.618作为自己的目标止损位。

六、多周期交易

多窗口分析是一种分析框架，"多周期交易"则是一种交易方法，两者不宜混淆。多周期交易是在两三个不同时间周期的窗口中用同一个系统对同一个标的进行同步交易，这种方法源于期货交易，许多专业机构就是通过这种方法来控制资金回撤的。

如果你有一定的资金实力和相对成熟的交易系统，那么，做外汇日内的短线交易用多周期同时操作的方法效果也许更好，因为风险更容易控制。多周期交易能够平滑收益曲线，要诀在于不同交易周期的开平仓点不一样，交易的实际效果就更容易平稳；理想的状态是通过多周期交易真正做到能够控制日内交易的最大回撤。与单一窗口交易相比，这样或能增加收益，比如，你原来用 5 分钟窗口交易，1 分钟窗口和 15 分钟窗口只是用来印证 5 分钟趋势和发现更多的交易机会，每次下单一份合约。如果改变成三个窗口同步交易，在每个级别的时间窗口上，开 0.1 手的微交易合约，共计 0.9 手，这就叫多周期交易。这种操作的好处是：

第一，在趋势行情中，如果趋势简单，5 分钟窗口的效果就不会太好，15 分钟的窗口表现较好，30 分钟的窗口表现最好。但是如果趋势复杂，在趋势发展的过程中出现震荡行情，那么三个窗口的表现正好反过来，5 分钟的窗口表现可能就会较好——短周期小亏，中周期中亏，大周期大亏。

第二，在盘整行情中，可以分为窄幅盘整和宽幅盘整。如果你的系统侧重顺势交易，一般来说，系统在 5 分钟的短时间周期窗口里最好赚钱，15 分钟窗口和 30 分钟窗口会出现一般亏损，在 1 小时窗口里则出现大亏。如果是窄幅震荡行情，系统的表现一般是 5 分钟的窗口亏最多，15 分钟和 30 分钟窗口的表现差强人意。

从上面的分析可以看出，无论你使用的是趋势系统还是震荡系统，在不同性质的行情中它们的表现是不一样的。即使在同一市场对同一标的进行交易，不同时间周期的收益表现都会不同。所以，不存在单一的最优周期或窗口，短期行情更是随机的，不可预测，同时使用短、中、长 3 种时间周期窗口就可以达到平滑收益曲线的目的，这样在你的窗口中，无论什么行情总有一个周期是最优的，即使其他两个效果不太好，也能进行冲抵，也会少量增加总收益。显然这比所有仓位只做一个周期要平稳，因为如果运气不好，单周期恰好是表现该行情表现最不好的周期，回撤就大了，而多周期窗口同时交易运行的回撤就小多了。

第10章

短线交易的进场与出场

进场和出场是交易中最重要的操作，因为它们会给你带来最后的结果。进场不容易，出场更困难。成功的交易不仅有赖于系统及时发出信号，还需要你对短线交易有深刻的理解。纵使有多种方法可以进场，但认识不一样，操作不一样，结果就大相径庭。同样，成功的出场不仅要解决何时止盈，如何止盈，而且还要解决何时止损，如何止损。做出这些决定往往在一念之间，一天你要做数十次这样的决定，显而易见，这种时候技术系统只不过是个参考，最终决定交易成败的是你的经验、认知与情绪。

一、进场：好的风险/收益比

进场的重要性只有一个：你必须一开始就有竞争优势，占据制高点，这个制高点就是你一直在盘中追求的一个有好的风险/收益比的入场机会，如1:3，风险是1，收益是3，这种交易才值得去搏，1:1的交易就没有价值。好的开端总是事情成功的一半，在交易中，好的进场占成功交易的70%。赚钱逻辑是高抛低吸或低吸高抛，事实是，一次交易在不同的点位入场会造成很大的盈亏差异。入场点决定风险/收益比，如果入场点好，平均来看，你随便怎么出场都能获得盈利；如果入场点不好，不管你的出场点有多好，随机出场都没法盈利。好的入场点的标准是，一旦入场不仅会让你很快盈利，而且这种盈利还会持续，交易系统的剩余部分只是确定盈利优势会在何时消失，一旦消失也就到该出场的时候了。

为什么我们建议盘初半小时或一小时不要贸然进场？因为这是最靠谱的做法，是中庸之道；先确认区间，确认当天买卖双方力量的对比，然后等到价格处于理想位置，再用你的策略果断进场，或吃波段区间价格波动，或者做突破顺势交易。但是，无论你使用哪种策略，你总希望每次进场后价格还能走上一大段，换言之，进场后剩余的盈利时间越长越好。

第一，我们必须观察可能的行情已经用完了多少区间幅度，还剩下多少可以产生利润。比方说，假设，盘初第一波区间是 30 个点，如果你在价格二次触底向上走了 5 个点时进场，那么预期还剩下 25 个点的盈利空间，或还有更多突破也未可知，在当天余下的时间里，可能会出现趋势性走势，也可能会出现各种意想不到的其他走势，不管在哪一种情况下，市场都存在多个涨跌的空间。但此时你要关心的是当下，当下你 10 个点的风险承担意愿已经具有了 30 个点盈利的可能性，符合你 1:3 的风险/收益比。

第二，如果市场已经走了 20 个点，那么只剩下 10 个点了，你就要考虑为了赚取这 10 个点的潜在利润是否值得冒市场下跌 30 个点或更多的风险。冒大的风险赚取蝇头小利是毫无意义的。经验表明，很多情况下，开盘价比前一交易日收盘价低 3% 以上买入对利润将毫无益处，开盘价比前一日收盘价高出 5% 以上卖出也不会一定能增加账面盈利。短线交易的风险/收益比不能低于 1:2，一定要给走势充分的时间让它为我们创造足够的利润。

第三，要是临近上午盘结束，如 10:50，而你希望到 11:00 平仓，那就不应该进场操作。我的经验是预留 30 分钟，即便是突破行情，如果余下的交易时间不足 30 分钟，就不要再进场，因为最后半小时都有获利回吐。但这条原则放到尾盘的 30 分钟就不一定适用，尾盘的获利回吐是必须的，所以，有时价格运动很快，可能只需要 10 分钟左右就可以完成反弹和回抽。

为什么我们总是强调短线交易时机的拿捏一定要准？因为相比于你设定的微小的盈利目标，每次进出不但都有高昂的成本，还要冒走势折返的风险，所以每次进场都要力争有所斩获。

日内精准入场的困难是由许多原因造成的：

第一，事实上，我们无法将入场时间的掌握和过去三天之内的行情变化完全隔离开来，顺势操作总是被市场大的波幅所吸引，这时，我们紧紧盯住日内交易的波幅还不够，就可能买得太高，或者卖得太低。我们不得不去比较当天的走势和昨天、前天的走势。如果当天的区间已经超过三天的平均区间，你就要高度警惕，虽然创造一个更高利润区间的事有可能发生，却不可能持久。当前一日的区间过高，最好不要建仓，否则就会高买低卖。在正常的情况下，新一天的交易区间是 3 日平均区间的 70% 到 100，如果遇到盘整行情，即使达到突破点价格仍极有可能回到下方终点。在缺乏明确趋势的情况下，我们最好还是作壁上观。

第二，日内短线交易的核心技术是六七种价格行为分析指标，有的很类似，有的有自己的特点，但每一个都有自己的特征。在某个特定的时刻，出现一个分析指标包含了另一个分析指标的所有要素，这并不奇怪。有些分析指标在单边市中表现好，而有些分析指标则适用于市场的横盘整理，大部分分析指标会在一个交易日内多次出现，但是每一次又不可能都达到最佳状态，所以短线的价格变化更难把握，这就是为什么我们不能指望按照自己挑选的分析指标制定的策略和模式去交易，也不能保证每一笔交易都能获得期望的 10 个点的原因。

在实践中，大部分交易者使用的分析指标分别是：双十字星突破（简称 DD 结构）、首次突破（简称 FB 结构）、二次突破（简称 SB 结构）、箱体突破（简称 BB 结构）、区间突破（简称 RB 结构）、区间内突破（简称 IRB 结构）。

第三，所有上述这些分析指标都会以这样或那样的方式围绕着 20 期指数移动平均线（EMA）波动，大多数交易者依据分析指标和 EMA 平均线入场或出场。但是移动平均线在短线交易中，尤其是在超短线交易中它是滞后的，道理很简单：它要走完一根线才能够出现新的数值，时间单位越大，实际延迟越大，短线交易者往往承担不起这种风险。

第四，交易者用不同的交易逻辑来赚钱，有人顺势交易，有人波段交易，有人快进快出，有人套利，有人专做反转，有人做主观，有人做量化。但是，交易者获得信息的量和时间都是不充分的，任何一种策略和操作都有很大的主观性。谁都觉得对入场点的精准拿捏很难，结果是"差不多"就下单，尤其是在 5 分钟以下的快频交易窗口，任何技术和模式都失去了存在的意义，所有交易者本质上只遵循一个法则：价格为王。所以日内交易更容易失去交易机会，出错概率大。

关键时刻，短线交易更多的是看蜡烛线，而不是看价格本身。错过的入场机会仍然可以在接下来的几根K线再度找回，运气好的话还可以获得更优的价格。每天都有许多次极好的机会因为交易者想要等待更优的入场价而被错过，但是这种机会往往只出现一次。所以在我看来，一切分技术分析最重要的莫过于确定入场时点。好的预测不一定得到好的结果，而好的入场点一定会有盈利。难道这不是事实吗？下面还是让我们来看图说话。

图10-1的背景介绍：欧元接近前高1.1494时冲高回落，交易时间：2020/07/21/11：00-13：00。我们采用一个典型的5分钟K线窗口的交易系统，即5分钟K线加下方的随机指标KD。从图10-1的左边开始，我们能够看到一上午价格都在横盘震荡，11：30开始向下突破。第1根5分钟大阴线是典型的乌云盖顶，突破关键支撑位1.1455，价格快速下跌到新的区间。显而易见，这时的最佳交易策略就是顺势而为。假设每一种进场的止损都为10个点，实际盈利空间31个点，即所有头寸都在1.1435止盈平仓。由于市场参与者的风险偏好和交易起点千差万别，实际选择时大致

图10-1 四种不同的进场时点（欧元美元5分钟K线图）

有如下 4 种，不同的时点进去，风险收益比明显不同。

第一种是较为积极的进场心态，价格回落至前一根 K 线的收盘价下方就开始做空，因为这根 K 线创新高后出现了明显的上影线，说明上方有卖压。入场点位为 1.1466，这一点位的优势是如果价格没有反复，那么盈利可以达到最大化，获利 31 个点，风险收益比为 1:3.1。

第二种入场点选择在价格跌到前一根 K 线 50% 以下，并且击穿了整个上午震荡区间的上限，进场点位 1.1462，该点位的优势是在确认了关键点位的突破之后，如下方成交量的放大，还有约 2 分钟的盈利机会，优势明显，缺点是少赚了 3 个点，风险收益比为 1:2.7。

第三种是比较稳健的入场方法，确认第 1 根 5 分钟 K 线走完，价格反弹失败，然后才果断进场，进场点位是 1.1455，该点位的优势是避免了一进去就被超卖反弹套牢，随之而来的阴线大概率价格将继续下挫，风险收益比 1:2。

最后一种进场是确认价格跌破第 1 根大阴线的收盘价和创下的最低点，然后再进场，这是中庸之道，非常稳妥。因为价格反弹的可能性已不复存在，下方还有一定的盈利空间，但收益明显减少为 15 个点，风险收益比 1:1.5。相比前面三种进场方法，出场点位的选择或把握就要求更高。

一般来讲，一次交易盈利能够达到本次价格变动的 70%，就是一次非常成功的交易。其实真正的短线高手不赌胜率，因为如果考虑到佣金、滑点等交易成本，每次要在 5 分钟的窗口里，盈利 10 个点以上的利润，并不容易。

精准入场的概念，还包含交易时段的选择，就像我们前面提到的，无论你身处何地，都无法回避一个重要的事实，那就是外汇交易市场尽管是 24 小时的全球交易，但伦敦市场和美国市场的场内交易时间才是最关键的时段，因为重要的官方数据在这些时间段里发布，所有的国际银行、大型对冲基金和其他大型机构都在这个时候现身交易，强大的流动性，几乎每天都创造出很容易辨识的日内趋势。

要想多赚钱，只能顺势交易。那 5 分钟窗口怎么做呢？5 分钟窗口或分时图窗口，都存在短线趋势，捕捉这些趋势，唯一强大的工具就是娴熟地使用两点一线——一条最简单的趋势线。在技术分析领域，技术指标不计其数，如果你愿意也可以随时发明。当下各种平台上流行的技术指标至少有一二百个，但在这里我们仅用一个。

图 10-2 是一个常用的 5 分钟交易窗口系统——K 线加上 KD，它继续沿用了图 10-1 的时间框架，2020 年 7 月 21 日早晨 6 点到下午的 6 点（北京时间），共计 12 小时。在这一时间框架中，我只用一根趋势线，就能明确无误地标出了日内价格演变过程中出现的 4 个明显的趋势，下方的随机指标 KD 线一一对应，很好地印证了一根简单的趋势线有多么强大的功效。我只用裸 K 线，所有指标一律省略，然后用一根趋势线，按照两点一线的原则，顺势在价格图上画出，并标出主要的入场点和出场点（止盈/止损位）；在图中的 4 个部位，加上 4 条平行的虚线构成 4 条通道。这些极其简单的操作却捕捉到了全部的主要升势和跌势，其效果十分惊人的好。我标出的点位并不是最佳的出入场点，实际操作中宁可少赚一点。在上升的价格趋势掉头突破下方趋势线时，或者下跌的趋势价格反弹向上突破趋势线时，这些地方才是真正最佳的入场点，风险低，收益快。老练的

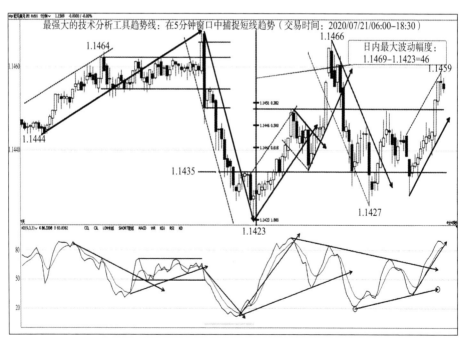

图 10-2　强大的趋势线：2020 年 7 月 21 日欧元 5 分钟窗口趋势交易

交易者总是把注意力集中在主要一段趋势上。你想把价格形态的细节看得更清楚，就把图表放大，那时你会发现更多的交易机会，实现你积少成多的盈利目标。

（1）白天的 12 个小时，价格波动了 45 个点，约是欧元日均波动的一半，出现的 4 个趋势平均波动约 20～30 个点。

（2）上午创下的有效低点是 1.1435，成为反弹的颈线及下午价格变动的重要支撑位。

（3）皮浪尺给出的 3 个费波纳奇关键数列基本成为下午价格震荡的区间，0.382 成为向上突破的主要压力位。

（4）下方的 KD 线，同样用最简单的趋势线画出来了，上、下趋势和盘整趋势，对照上方的价格 K 线图，我们有理由相信这个系统非常有效，而它们的基石就是一条趋势线。

交易是残酷的，它不承认过程只承认结果。以图 10-2 为例，结果怎么样呢？简单地讲，在短线交易中娴熟地使用趋势线会给你带来明显的优势。即使你眼力一般，在 4 个短线趋势中，只要吃到其中一波的 50%，就能赚上 10～15 个点；吃到两波就是 30 个点。而欧元/美元汇率的日均波幅只有 80 个点，对每次交易盈利目标只有 10 个点的短线交易者来说已经足矣。

其实，短线交易的最高境界就是从"有法到无法"，如果你已到了这种境界，那么一根趋势线运用在 5 分钟的窗口和分时图上就足够了。

最后，不得不说，好的入场点与准确判断支撑位和阻力位紧密相关，恰恰就在这个问题上，许多人还存在模糊或者说错误的认识。

如果你进场了，一定是在事先就对下方的支撑和上方的阻力有一定的预判。一般地，有点经验的交易者会在阻力位/支撑位的上方或下方两个点埋下止损单，承认愿意承担的风险心里就坦然了，就觉得万事大吉了，只等待利润的产生。其实事情远非那么简单，大多数交易者对究竟什么是阻力或支撑不甚了了，所以不是进早了被套，就是出早了利润跑了。

"阻力"或"支撑"并不是一条水平线，也不是某个固定的极值，更不是你画上去的黄金分割百分比线或是其他指标线——它们都不能代表实际的"支撑"和"阻力"。市场不关心你的线是怎么画，也不管你是怎么一厢情愿地想，也无意知道你的系统有多少指标，阶段性的低点极值只是代表"支撑"，并不一定就是对"支撑"的固定，它只说明在这个点位上很多买单开始进入，买单数量大于卖单流入量，需求开始吸收供应。当急于解套的卖盘持续增加时，价格短时会回到已形成的极值点之下，但一般只有一两个点，这时，我们需要耐心，需要观察，观察分析的对象是买盘是否在持续增加；如果持续，价格会立刻反弹，反弹力度表明需求的质量，买盘依旧大于卖盘，价格会迅速从低位反弹至新的较高的价位。这个过程叫"二次测试"，只有经过二次测试的支撑位才有意义。

"阻力"也需要二次测试。当价格上冲回落到这个价位时，我们不能"低价买进"，要观察价格回落的力度，如果 K 线的实体不大，成交量也相对较小，说明卖单流入量小，不会对突破造成威胁；反之，就成为假突破，扫清上方止损单后，主力的抛盘就会倾泻而出，这时，第 2 根阴线会很长，几乎没有下影线，同时成交量也会迅速放大，在这种情况下，很多时候会出现"一阴吞三阳"，尤其是在先前的价格形态被彻底破坏之后。

如前所述，市场有记忆。横盘的时间越长，一旦突破，引发的市场情绪的反应就越强烈。市场参与者共享记忆并相互影响，市场上演的心理游戏总以贪婪和恐惧贯穿始终（第 6 章关于成交量的讨论已给出了解释）。

一般来说，判断支撑和阻力的强度以及重要性受 3 个因素的影响：

第一，其形成所花的时间。分析工具：价格形态。

第二，形成期间的成交量。分析工具：点数图。

第三，是否在近期形成。分析工具：K 线趋势。

在颈线附近，左侧形成的支撑位/阻力位会不止一个，其影响会随时间的推移而"钝化"，交易者更关心的是近期的阻力位/支撑位，因为这时他们的头寸就在"这里面"。

应该牢记，支撑位或阻力位只有事后才能确认。合乎逻辑的推理就是，不要把精力集中在寻找或确认阻力位/支撑位上，能及时搭上顺风车才是最重要的，哪怕迟一点进去，剩余的时间也足够盈利。一旦支撑位和阻力位被市场确认，必须果断介入；当价格走到盈利目标位时也不要贪婪，果断止盈平仓。

毫不夸张地说，是否能够精准进场的能力是衡量一个操盘手成熟与否

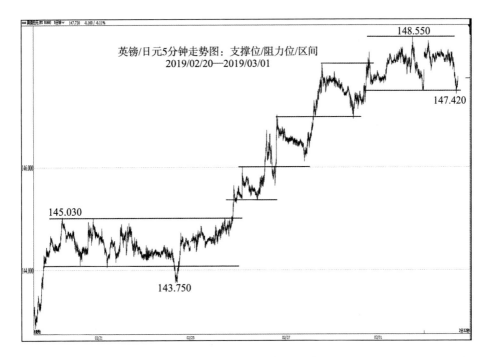

图 10 - 3　英镑/日元 5 分钟走势图：阻力位/支撑位/区间（2019/02/20—2019/03/01）

的标准。精准进场是一种境界，进入这种境界的优秀操盘手会告诉你，他知道市场会往哪里走，如市场仍在盘横震荡时，他就进场埋单，因为他知道市场需要一段时间来酝酿走势，他也知道何时止盈、如何止损。很讽刺的是，交易大众总是在应该大胆的时候却小心翼翼，需要谨慎的时候却"果断"入场；一旦持有了渴望获利的头寸时，又觉得涨势很有限；等到涨势开始明确时，又怕利润稍纵即逝，赶紧平仓，从而错失良机；更糟糕的是，在苦等利润降临时，往往等来的却是真正的风险—行情大幅反转。优秀的操盘手有能力将贪婪和恐惧抛诸脑后，他的直觉里充满了有经验支撑的自信，所以总是赢家。

二、出场：止盈

出场包括止盈出场和止损出场两个方面。如果说，进场的关键是找到好的风险/收益比，那么出场的关键就是在盘中如何判断何处是你最可接受的风险/收益比的动态平衡点。出场的原则有两个：如果赢了，底线就是至少留住最少的利润，因为交易是有成本的；如果输了，证明判断失误，原则就是尽快平仓，减少损失。实践证明，过度频繁地进行止盈、止损都是极其错误的，这会对你的收益构成重大威胁。

止盈的定义是开仓时的盈利目标实现了就结束交易，短线行情的走势总是非常反复，及时止盈可以避免较大的利润回吐。在目标价位的止盈，可以用技术止盈，也可以用心理止盈。技术止盈是指价格触及支撑位或阻力位平仓，落袋为安。心理止盈一般是老练的交易者使用的，它有两种含义，一是跟踪止盈，只有市场供求关系出现变化，开仓或持有的理由不复存在才止盈；二是盈利的头寸随着价格波动一直运行，使用不断远离成本的波峰或波谷作为最新的止盈位，追求收益最大化。

许多交易者常犯的错误是不愿意止损，偏爱止盈。这种行为非常符合人性，行为金融的研究结果表明，投资者在赚钱的时候是风险保守的，在亏钱的时候是风险偏好的，这也符合实际情况：当人们交易亏损时，总不愿意立刻止损认输，而更愿意期待情况好转；一旦交易盈利后，就非常担心利润回吐，结果早早地落袋为安了。但这不是理性做法，理性做法是截断损失让利润奔跑，当你亏损后，更大概率是亏得更多；当你赚钱后，更大概率是赚得更多。显然符合人性的做法不拥有概率优势。

正确的止盈要关注以下三个方面：

第一，尽可能使用较宽的止盈而不是较窄的止盈。宽止盈优于窄止盈，原因首先是窄止盈导致交易次数太多，要付出较多的手续费和滑点；其次是窄止盈应对汇价随机波动的能力较差，导致丧失捕捉大的趋势的机会。

第二，根据不断变化的行情进行跟踪止盈。这是一种较为合理的止盈方法，尽管这种技能的获得需要经过长期的市场历练，但特别适合走势反复的市况，对简单趋势的捕捉能力较强，所以比较适合外汇交易。

第三，技术止盈。技术止盈有点类似硬性止损，这是一种最简单、最容易被理解和接受的止盈方法。但是，散户大量使用这种技术很可能被主力庄家所利用，主力庄家的交易之所以困难是因为很难以较小的冲击成本找到大量的交易对手，所以被广大散户所信任和使用的技术图形、价格形态、支撑位/阻力位就成为庄家设立陷阱的最佳时机，此时一定要加大缓冲，避免陷阱，捕捉趋势。

实证研究表明，改进止盈的方法，除了有止盈放宽，技术位缓冲放宽和采取技术过滤法，更简单、实用的方法就是画一根趋势线。统计数据表明，趋势线是被破止盈的最佳选择（可以再次参考前面的图 10 - 1 中所示：当 8 日零点刚过，欧元从前一天的最低点反弹上穿趋势线，那里就是最优的止盈点。）

三、出场：止损

任何一本有关交易的书都强调止损的重要性，许多老练的交易员也会告诉你止损是多么重要，及时止损对避免无法承受的重大损失具有不可替代的作用。对于新入市的朋友，我在这里强烈建议每次入市同时务必要设定止损单，亏损到一定程度一定要认输平仓，避免更大的损失。尽管大涨、大跌的行情不多见，但一旦发生不利于你的大行情，如果不止损，只需一次就可以把你扫地出门。

大亏除了在账面上产生明显的损失外，还可能引发更为危险的负面情绪。大亏之下很容易激发重仓交易、频繁交易、冲动性交易等不良交易，这些负面情绪产生的非理性交易很可能将已经不利的账面亏损变得更多，最终导致破产出局。所以我们经常说，做交易先要学会生存，而学会生存就是把破产的风险控制在最小可能的水平，而止损是避免破产的重要手段之一。如果每次亏损都在可以接受的范围内，那就大大降低了一次性破产的风险，如果再加上不断提高的交易准确率，增加进场的风险/收益比，减少每次的下注金额，那么你就会有更多的时间让交易慢慢变得顺手起来。

止损的类型有很多，具体使用因不同的个性和交易风格而异：

第一，心理止损。心理止损存在争议，业余选手最好不要用。老练的交易员久经沙场，临阵不乱，对自己有较高的约束能力，心理止损和跟踪止损就能配合使用。

第二，绝对金额自损，也就是硬止损，顾名思义，就是每次最大亏损是一个相对不变的规定金额，属于绝对止损。

第三，技术止损。依据自己的交易系统发出的信号止损，预期的交易目标达到了或原定的交易时间到了就结束交易。

第四，总资金的百分比止损。这是一个相对专业的止损方法，就是对每一次交易的最大亏损制定一个百分比，每一次交易的亏损就是总资金乘以百分比，这种止损会随着总资金规模的不同而线性增加，而且经常和其他止损方法配合使用。

第五，波动率止损。波动率止损是按照对波动率的定义，取一定时间周期的波动率值来进行止损的方法。该方法也是专业的止损方法，而且是一个具有自适应的止损方法，当行情波动较大，止损就大；行情波动小，止损就小。例如，用一定周期的 20 个收盘价、2 个标准差作为波动距离的测量，止损就有概率上的优势和上面说的自适应性。

止损不是数学，是一种"艺术"，因为不存在现成的止损系统，也没有一套现成适合你的操作模式，这在客观上给新手增加了很大的心理压力。权威人士的忠告听起来完全有理，但是，操作起来实际情况往往相反，因为价格变动随机性很大，在超过 70% 以上的时间里价格都只是反复震荡，在相当一部分市况下只要继续持有头寸就会扭亏为盈。硬性止损使浮动亏损变为账面上的实际亏损，最后就成了"割掉的就永远失去了"，而继续持有头寸往往还有回本甚至赚钱的机会，接受了忠告的新手如只是一味地硬性窄止损，其结果只能是交易成本不断增加，交易正确率持续降低，损失与时俱增。

止损操作要注意的问题主要有：

第一，经过测试设定的止盈/止损点或出场机制是交易系统的重要组成部分，是在事先经过精确计算的，赌的是你的止损位被触发的概率较小，风险你能承受，因此一旦定下就不再改动。

第二，使用较宽的止损而不是较窄的止损——道理和宽止盈一样，窄止损导致交易次数太多，同时还要付出较多的手续费和滑点；其次，对汇价的随机波动的抵抗能力较差也会导致丧失扭亏为盈的机会。

第三，跟踪止损——这是止损操作的中庸之道，买进后跟随行情不断上升而不断调高止损位。进场做空相反操作，跟随行情持续下跌，而不断下调止损位，以保护利润，实现收益最大化。

第四，绝大多数人靠技术分析交易，在支撑位和阻力位这样的关键点位要加大止损缓冲。如前所述，凡是被散户大量使用的交易点位，都可能被主力庄家所利用，所以，对于关键技术位一定要留比较大的缓冲才能躲过庄家的技术陷阱。

第五，如果运气来了，趋势强劲，需要在较大区间、较长时间里持有头寸，使盈利跟行情一同成长，这时我们就要不断仔细估算盘中各档支撑位/阻力位，最简单的办法就是先计算出前 3 日平均交易区间的 50% 的中值（将最近 3 天的交易区间相加除以 3），如果仓位持续盈利，跟踪止损点就以 15% 的比例，逐级跟踪调整，原则是盈利最低不能少于 3 日均值中线。

"出场"是之前的"预期"和"入场"的继续，它是对风险/收益比的一种动态平衡。一般原则是，潜在获利越高，止损点设得越宽；实现的盈利越多，你却要越小心。如果你喜欢用严格的量化计算来厘定出场点，那么可以拉近出场点；但当你准备坚守仓位 3~4 小时直到收盘，那就一定要给行情波动留出较大空间。

我们常说，不能量化就不能交易，事实是：越是短线越需要量化，不能只凭直觉，不过这种量化的方法必须是简单、实用的，它尽管"粗糙"，却能让有效止损与你高频率的短线交易相吻合。

四、止损的 4 种方法

现在我们针对常用的 4 种止损方法展开讨论。

第一，百分比计算法。这个方法简单、实用，就是设定一个偏离你入市价格的百分比，如 2019 年 3 月 8 日上午 9:55，欧洲/美元 5 分钟走势，在 1.1183 处回撤成功，出现反转，1.1188 进场做多，止损 0.01%，止损位就是 1.1176（1.1188×0.01%），比入市价格低 12 个点。如果今天下午抵达上方的阻力位 1.1299（那里是目标退出位）一线，那么风险收益比是 1:9；如果行情止于第一阻力位 1.1210，那么风险收益比是 1:2.2；值得一搏。如果行情回落，那么 1.1176 这个止损位已经使我十分安心，比下方的最低支撑位 1.1175 高出一个点。在实际操作中，我会根据不同货币对的不同波动性、走势的快慢、波动区间的大小、时间因素、头寸多少等因素，综合考虑后再决定使用多少百分比比较合理。使用百分比止损对比较熟悉的货币对比较合适，至少你大致知道这个货币对日均波幅大约在哪个区间，该货币对现在是牛市背景还是熊市背景。

第二，ATR止损。这也是一种简单的量化止损方法。ATR指标通过高点和低点的距离来衡量价格波动幅度，将前低、前高和前收盘价进行了比较，用下列三种方法计算出来ATR指标数值：当前的最高值减去当前最低值、当前的最高值减去前收盘价的绝对值、当前的最低值减去前收盘价格的绝对值。

ATR指标是所选周期真实波动区间的平滑指标，时间周期越大，支撑/阻力位之间的距离越大，如5分钟图上的波动区间一般比15分钟图上的小一些。通过观察ATR指标，交易者可以判断市场的波动性是否有增加。举例来说，在一个15分钟的线图上，14个周期的平均ATR值是9个点，这意味着前14根K线中高点和低点的平均间隔是9个点，直观的方式就是拉出14根K线高点和低点来进行比较，如果交易者将止损设置在ATR上，或接近ATR的水平，那么由于市场本身的波动，价格很可能低于和高于9个点，那么就很有可能因止损位被触及而出场。一般的做法是将止损点数设置为ATR平均值的两倍，这就给市场提供了足够的震荡空间——设置合理的止损点，允许价格偏离我们入市价的一定距离。

第三，波段止损。短线交易的特点就是经常没有充分定义的趋势可以度量，价格只是在最新一波的波幅区间上下游走。前面已经向大家介绍了怎么用斐波那契数列预估波段的高点和低点间的各档支撑位/阻力位，理论上这些价位就是止损点。在这里交易者主要关注的就是区间的上沿和下沿以及50%处，在波段内止损时，最好使用0.618这个数字，防止止损距离过窄，区间的上沿和下沿都可能是一两个点的窄幅波动水平区间，市场主力非常清楚止损单/头寸在这一带堆积的情况。你应该多看几次点数图，做到心中有数，随机应变，灵活处理。

第四，跟踪止损。老练的全职交易者制定止损单时心里很清楚一个基本的问题：这个头寸应该在何时、何处退出，换言之，当什么价格出现时意味着你持有这个头寸的逻辑已经不复存在。这个价格当然依赖于图表分析以及头寸是做多还是卖空，但头寸类别不同，各自的"个性"就不同，必须采用适当的止损方法。

此外，价格在运动过程中不断发生变化，形成各种形态，而形态的意义非常重要，尤其是在震荡市，价格形态往往会在小幅波动一段时间后形成一个三角区，最终价格不是向上突破，就是向下突破。三角区的突破总是强大有力的，所以止损点放在三角区的最高点和最低点比较合理；如果三角突破与通道的上下轨交叉，那么，该点位就是最好的止损位。显然，正确读懂价格趋势和价格形态是需要经验与技能的，所以，初学者比较难以掌握。

大多数盘中趋势明确时都会使用跟踪止损，这种方法能度量较大的价格区间，从低到高，或者从高到低。在这种市况下，交易者使用的工具应有所不同，如果继续使用斐波那契的回调水平（0.38、0.50、0.62）来下止损单，风险就较大，尤其是 0.62，因为盘初的走势常有小的反趋势，而 0.618 往往被多次穿越，无功而返，如果是上涨趋势，第三次触及 0.618 再反弹，价格就不会再回头，这种紧要关头就不能过分拘泥于数据，我们必须倚重量价关系来分析。那么，如果价格向上或者向下突破，趋势持续，又如何跟踪止损呢？简单的做法就是价格上升/下跌幅度达到和超过原来区间的 15%，止损/止盈点位就要跟踪调整到相应的幅度。

说到底，止损的困难在于它与我们的心理与情绪关系密切。外汇日内交易的巨大压力使我们无法将思考中的情感因素与交易隔离，因此防止它影响交易就变得十分困难。如我们盯盘时常有交易冲动，当价格向我们希望的方向前进时，特别是当市场运动开始加速时，我们会经历情绪冲击，这种情绪里包含由于交易方向正确而产生的"我是对的"的感觉，也有因为没有敲击键盘所产生的觉得自己没有决断力的挫败感，以及错失利润的懊悔和愤愤不平的感觉。于是，尽管我们理智上知道最佳的时机已经过去了，但我们还是追了上去，而一旦进去价格就立刻反转，结果交易总以失败告终。能否为避免这种非理智的冲动建立一个安全阀或保护策略，从而免受情绪困扰并且得以有效执行呢？一个简单的方法就是实行"5 分钟法则"。

这是一个十分简单的自我约束方法，即在最终决定下单时，记下确切的时间和价格，并且迫使自己在开始交易前至少等待 5 分钟。如果盯的是 5 分钟的窗口，那么我们应等到行情把那条 5 分钟线走完；如果盯的是 30 分钟的窗口，那么应等到 30 分钟线走完；其中的逻辑很简单，5 分钟内我可以观察到价格运动的显著变化，如果市场走势与我一时冲动在错误时点上做出的交易决策不一致，那么我就不会交易，这就避免了一次过早下单的风险；如果观察了 5 分钟后，走势明确，我的内心将告诉我一秒钟也不能等了，我就会果断敲击键盘，这样做，我所失去的不过是前 5 分钟内那一点还可以挣回的利润，而只要进场时点保证正确——无论在哪种情况下，这次交易最终仍会给我们带来净利润。

五、缺口：理解与处理

在日内交易中，我们遇到的另一种较大障碍就是价格缺口。在 24 小时连续交易的场外市场日线图上出现缺口的频率减少，因为在当天的收盘和下一个交易日的开盘之间经常是没有时间间隔的；CME 的 Globex 外汇期货的缺口交易都发生在周五和周一之间，如美国的周五下午市场将会闭市，在周日的夜晚会再次开盘；再如美联储周五发表公告，那么周一的波动就会很大。开盘跳空往往是因为闭市后发生的新闻事件和基本面数据的发布，这之间相隔的时间越长，消息对市场的影响越大，越容易影响开盘价格。另外一种典型的情况就是主力有意而为，一般是达到了它的目标位后开始反向操作，大幅跳空低开或高开，行情往往是三连阴和三连阳，一竿子到底。

外汇场外市场 24 小时交易，乍一看好像没有跳空缺口，但日内交易的实际情况不是这样，因为日内场外交易的流动性极好，在缺口出现以后往往很快会被回补，而且回补的幅度比期货市场的回补幅度要大，形成所谓的"日内缺口"，从线图上看就都是连续的行情，只有在短时间窗口里放大行情细节才能看出来。

在实践中，缺口分成好多类，根据其承接不同的趋势和缺口的大小，我们常说的有突破性缺口、持续性缺口、衰竭缺口、隔夜缺口、开盘缺口，等等。对突破性缺口，只要顺势而为就最有可能获利，一般来说，持续性缺口出现在强势上涨/下跌的过程中，而且通常情况下不会对缺口进行回补；衰竭性缺口出现在趋势的末端，说明价格在高位/低位不能持续多久，我们最常看到的是隔夜缺口和开盘缺口。

缺口的形态基本上有两种：向上跳空高开和向下跳空低开，程度不同，理解也不同。尤其是开盘缺口意味着前一天的收盘价和当天的开盘价之间出现了较大差异，表明走势图背后的市场买入或卖出的迫切性空前强烈。

经验表明，75%的缺口会在半小时或 1 小时内被回补，否则价格继续朝当天缺口的方向移动的概率非常高。25%的缺口无法轻易回补，说明这种情况是小概率。如果赌概率，这表示如果开盘向上跳空，你就可以卖出，因为胜券在握；反之亦然：开盘跳空向下，不妨买进，逆市而动。这里的原则是不管开盘后行情怎么发展，就缺口来说，4 次中有 3 次价格会返回到开盘价，这段波动属于回调性质。在上升趋势背景下，开盘价格跳空高开，意味着昨日收盘价附近的空头被套，包括这个价格上方的止损单，如市场认为价格过高，第一批卖盘出现，价格向昨天的收盘价回落，当价格回到收盘价附近时，被套空头开始平仓，同时趁低吸纳的买盘也开始进入，于是价格再次上扬，这时突破开盘价后真正的向上趋势就开始了。在下跌背景下，情况恰好倒过来：开盘价和昨日收盘价之间的缺口回补，快起来只需 15 分钟，因此见好就收非常重要，否则时间越久越麻烦。

那么，怎么处理那 25%呢？为了简单，我的做法就是，开盘价如果是向下跳空超出 5%，我就顺势做空；相反，如果跳空高开超出 15%，我就顺势做多。大幅度的跳空缺口不常见，但一旦出现往往在当天无法回补，操作中仍需要紧盯日内走势，跟踪止损，随时准备获利平仓。

处理缺口的具体方法如下：

第一，若昨日高收，而当天的开盘继续裂口高开，则可预期开盘后 15 分钟内便有获利回吐出现，可在价格上摸上方阻力位时卖出，博取回调的利润，这种回调基于市场企图回补开盘缺口的行为，因此重要的支持位就是昨日的日收盘价。

第二，若昨日高收，而当天跳空低开，这种情况下可以预期开盘 15 分钟内市场便会出现多头回补，价格继续下挫；如果价格在昨日波幅的 50%处之上有支撑，短线交易者应果断进场做多，博取向上回补缺口的利润。

第三，如果市场背景是下跌趋势，对缺口的处理逻辑还是一样的，只不过实际操作相反。

经验还告诉我们，一般情况下，缺口的波幅加上开盘创造的第一波波幅，常常是全日波幅的2/3，因此，如果昨天收市价格贴近当天的最高点或最低点，就能预测接下去的行情价格很有可能会突破昨日的高点和低点。这种情况如果真的发生，那么，隔夜过市交易的利润会相当大。

外汇场外即市交易出现缺口，除了重大消息外，就是受场内外汇期货走势的影响。如果在CME的Globex交易的外汇期货出现亚洲及欧洲市场交投活跃，那么，这一行情往往会促成美洲市场的开盘缺口。由于美国外汇市场的早盘与欧洲午后盘重叠，是全球外汇交易最活跃的时段，因此，外汇期货出现开盘缺口是常见的事。

对外汇在线日内交易要十分关注本地区中心市场出现的开盘缺口。如果东京市场出现开盘缺口，我们分析预估当日市场开盘后的走势时，除了要考虑昨日纽约的高低价及收盘价，更需关注昨日东京市场的最高价、最低价、开盘价和收盘价以及当日早盘缺口的大小，用来估计这个缺口在开盘以后会引来多大程度的平仓活动。因为要考虑到市场中的每个仓盘皆有限制，银行为减少外汇风险，对交易员的隔夜头寸有严格控制，因此，银行的隔夜头寸其实就成了第二天开盘时非银行大型机构的对手盘，一旦开盘，双方都会争相入市，以获取有利的价位。在每天的尾盘，银行交易员必须通过调仓把隔夜头寸控制在限制之下，这又会造成收盘前的市场反复。

外汇市场主力通常会选择在伦敦（北京时间23:30）收市后半小时，或者纽约（北京时间2:30）收市前后半小时造市。他们选择上述时间的目的是希望为该市场制造缺口，使市场可以延续至明天出现开盘缺口，一旦出现缺口，市场便会出现大量的止损盘和追市跟风盘，价格会继续向造市者希望的方向发展；一旦达到盈利目标位，市场主力就会立即获利平仓，这就造成了市场走势急剧回转、回补开盘时的缺口。只有了解市场主力的造势手法，个人外汇交易者才能巧妙地利用缺口来盈利。

六、一剑封喉："三线反转"

就外汇日内交易的短线搏杀来说，在我的心中只有一种真正能够一剑封喉的杀器，那就是"三线反转"。它就像路边的石块一样朴实无华，我相信大多数交易者并没有对它引起足够的重视，而对我来说，它就是那个"唯一"，因为它是一切行情赖以展开的最基本、最微观的市场结构，同时又是一种无法替代、使用频率最高的短线搏杀技巧。

这是一种可以作为单独系统来做交易的最简单的三段线组成模型，这一模型是辨识"拐点"（支撑位/阻力位、短期价格运动的高点和低点）的最强大、有力的工具。所有的"拐点"只能是"事后诸葛亮"，因为，单独 1 根 K 线无法让我们判断下一根 K 线的方向。一根 K 线表示一段价格运动，K 线越多给的信息量越大，最少三根 K 线才能形成"三线反转"，确认"拐点"。拐点只告诉我们一段价格运动的起点和终点，并不能像"5 点 4 线"那样可以暗示"趋势"，但它给出了重要的临界点——两者使用的侧重点不同。

超短线交易更关心短期价格的高点和低点。"三线反转"用一种最简单易懂的方法描绘市场结构中的临界点，不需要你数浪、看斐波那契数列或者做其他计算，不需要你添加任何其他东西，结果永远一样：在三条线中间那条线的顶部价格或底部价格都会出现价格走势反转，无论是在主要趋势、次级折返，还是日常涨落等任何级别的走势上都一样。做过一段时间交易的人，只要细心观察 K 线图，就可以看出价格总是以一种非常明确、惊人的机械循环方式运行，这很像学习一个生字，一旦你学会了字，就可以认识词；学会了词，就可以读懂一句话了。

要点如下：

第一，理解市场基本结构：是什么样的市场行为造成了短期的最高价和最低价。此时最好结合量价关系来判断，或用 RSI 来印证。

第二，短期低点定义：找出任何一个交易时间单位里出现最低点的 K 线，其左右两侧的线的低点都比它高，那么这就是短期的低点。其含义是，价格在该低点下跌之后未能创出新低，转向上升，最终使该低点为短期低点。这种情况如果出现在一波大跌之后出现带长影线的小阳线，则更加确定无疑。

第三，短期高点定义：它的形态是低点形态的镜像，中间 K 线产生最高点，两侧 K 线只有较低的最高价，这说明价格上升到中间交易日的顶点后回落，从而形成了短期高点。这种情况如果出现在上方的重要阻力位，就说明突破失败。

第四，拐点定义：短期供求关系之间的转换点。价格运动遭遇更大的反向力迫使它改变方向，从这一点开始，价格反转，因此，拐点是一个能量点，它产生下一个逆向的价格运动。

第五，波段定义：拐点是波段的起点和终点，因此，波段是单纯价格运动的一段直线，我们称之为"一波"或者一个"波段"，直到再次出现拐点产生反向的"一波"或"波段"。

第六，趋势定义：在同一方向连续出现两个以上的波段，我们称之为"趋势"。趋势可以蕴含次级波段和更小的波动，直到末端再次成为拐点。

可见，神秘莫测、众说纷纭的"市场行情"，以及复杂到令人头疼的技术分析，其实就是一种简单到不能再简单的客观事实：从某一时点开始，追求利润的希望演变成了控制亏损的担忧，所谓拐点就是供求关系或买卖力量的转换点；从拐点开始，新的单纯的价格运动直线发展，成为波段；市场心理不断变化，拐点不断出现，波段也就呈现交替循环的特征，这就是一切市场波动的心理逻辑和以价格形态表现出来的基本结构。所谓的"价格走势"不过就是价格从高点反转下行、从低点反转上行的不断循环而已。在任何时候、任何时间窗口，当你已经练就一双火眼金睛，那么三根简单的竖线就可以使你拿捏时机的准确性达到极致，我称这个一剑封喉的短线利器为"三线反转"。

判断三条线中的最高点或者最低点何时、何处出现，只能是事后诸葛亮式的，因为只有第三条线走完我们才有发言权。这个任务由点数图去完成最合适，它会准确地告诉我们，所谓的拐点产生在哪一个 box 值里。

三线反转的买入进场点总是在三条线的最后一根 K 线的收盘处，在上升趋势中，应当在三条线中最后一根 K 线收盘价处买进，也可以在最后一根 K 线之后，下一根 K 线开盘价处买入，除此之外，再无其他买入点，在所有情况中都是如此。这个买入点是一个自然入市点，原因就是它自身属于最基本的市场结构；作为一个自然入场点而存在于市场中，是因为三线反转确定了反转点，该反转点是波段的自然反转点；只有三线反转模式是完整的时候，波段才是完整的，而且在它的最后一个反转处结束，这就意味着三线反转模式暗示了市场已经完成反转，这是通过确定前一个波段的结束反转点和新波段的起始反转点来实现的。

　　三点反转的卖出入场点正好相反——利用下降的三线反转的第三根 K 线的卖出点。领悟此道，你就可以在任何市场阶段或模式下进行交易了。三线反转给你提示了一个能用于各种交易的独特卖出点，使选择一个卖出点，或做空入市点更简单。除此之外，它还迫使你去寻找不断优化的入市点。要想在任何市场阶段去做交易，你就必须具备识别这个独特的卖出点的能力，它们永远都是相同的，且一直存在，不会出现其他情况。

　　三线反转有时会衍生出内孕线，不要理睬它们，这表明价格在水平停滞，头寸增加。平行三角形的突破其实就是三线反转形态的延伸化。图 10 - 4、图 10 - 5 的右侧图形就显示了含内孕线这种较复杂的情况。

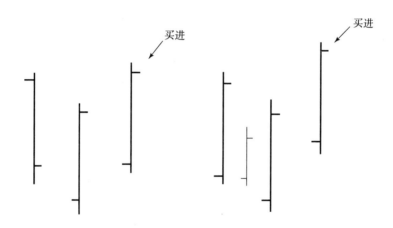

图 10 - 4　显示买入信号的三线反转

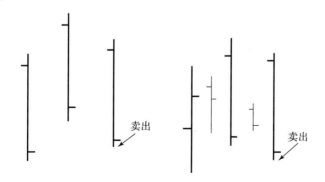

图 10 - 5　显示卖出信号的三线反转

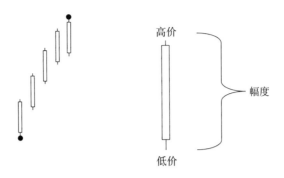

高价

低价

幅度

图 10 - 6　　波段被分割为一系列时间段的价格幅度

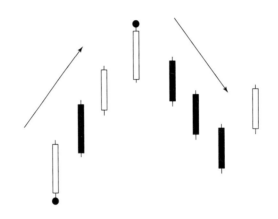

图 10 - 7　　拐点与波段的关系

图 10 - 8 给出了欧元/美元为期 7 天的小时图。三线反转模型在小到 1 分钟大到周线图上都随处可见，不需要你再分心旁骛，去留意新闻，查找指标，与两三个同行不时通电话，仅凭训练有素的眼睛，你在一两分钟内就能做出准确率很高的判断：现在是进场买入的信号还是进场卖出的信号。在这里，我可以非常有把握地说，任何级别的趋势只要出现临界点，这个临界点的结构一定是三线反转式的，只有出现了三线反转我们才能说"拐点"出现了。

三线反转的优势还在于它与其他分析系统可以完美融合在一起使用。其实，好的指标其本质都是相通的，只是侧重点不同，在通道、布林带、趋势线、支撑位、阻力位、三角区……这些系统或价格形态中，在出现百分比和斐波那契数列的最关键位置上往往出现"三线反转"。简言之，三线反转技巧不仅使你在 5 分钟窗口里能够轻松捕捉到高点和低点，同时又

图 10 - 8　欧元/美元（1 小时窗口），出现多个三线反转信号

能使你在 1 小时的窗口里通过确认各档重要的阻力位和支撑位而不失时机地抓住了趋势。

　　我相信，能全面、深入理解这一模型或技巧并能在实战中娴熟运用之人可以交易谋生矣！

第11章

外汇日内程序化交易

使用自动化交易系统可以极大地简化交易操作，外汇日内交易也不例外。程序化算法交易系统在确定交易信号的过程中自动处理各种策略和相应的指标参数。虽然自动化算法交易并不是本书探讨的重点，但是在各个金融市场中，外汇市场是从全球化和信息化时代潮流中获益最多的市场。如今，各大做市商银行和大型机构的高频交易量，占全球6万亿美元日交易量的25%以上，如果没有在高速网络上建立的程序化算法交易是不可想象的。

程序化算法交易俗称"量化交易"，已经在股票市场、期货市场和外汇市场普遍运用。外汇个人交易者了解和掌握这种交易很有必要。它能使你的交易指令下单优化，促进交易策略迅速执行，提高获利胜算概率，降低成本，减少人为交易的情绪化与错误。

一、程序化算法交易的优缺点

一般来说，交易有两种方法，一种是主观交易，就像我们前面讨论的那样，主要是根据行情走势图和各种指标工具，通过肉眼观察、主观判断来确定交易机会；另一种就是所谓的"量化交易"，即让计算机程序化算法交易系统代替我们的大脑来交易，该系统根据提前设置好的程序，把所有指标综合提供的交易信号直接显示出来并自动进行交易。如果说劳累的日内盯盘交易能够被计算机软件取而代之，那该是一件多么幸福、多么值得追求的事情。但是真正要做好量化交易也不容易，也要付出巨大的努力。任何事情都有正反两面。

程序化算法交易系统是按照提前预设的各种参数条件来自动运行的，

显而易见，它的优势就是不会疲劳，没有情绪波动，可以做到精准止损。如果你不去手动调整，它就会一直这么进行下去，如行情对路会给你带来丰厚的利润。

程序化交易系统的这种优势，主要基于它有一种测试功能，在交易者决定把真金白银投入市场之前，可以用这种功能评估他预先制定的交易策略的有效性。在主观交易时，我们经常讨论到市场心理及稳定的情绪是交易能否成功的重要因素。如果同时拥有一套在历史数据上表现良好的自动化交易系统，人脑与机器两方面的结合将会大幅提高交易的成功率。量化交易员视量化交易为一种信仰，就像主观交易者热衷于看着走势图交易一样。

然而，自动化交易系统也可能会给我们带来灾祸。我们常说的"肥尾"不知什么时候就会从黑暗中一跃而出，这时候唯一的好办法也许就是赶紧拔掉电源。自动化交易系统也容易造成一种认识误区：因为软件本身可以针对各种历史数据进行各种测试，只要你愿意，一直可以测试到完全与历史走势图一模一样的程度，这种被称为曲线匹配的测试通常都因过度优化，一厢情愿，结果却适得其反。行情会重复，但不会精确复制。把系统参数的设置测试到非常接近历史走势的程度，反倒使想要的结果不会在将来的行情中重现。所以做量化切忌过度优化和参数过多。很多交易者在应用这些看来不错的模型时都吃尽了苦头，一次又一次适得其反伤神费力，浪费了大量宝贵的精力和时间。

现在流行的做法是先测试一部分给定的历史数据，如 6 个月或 12 个月，然后再把测试确定的系统参数应用到随后的 6 个月或 12 个月数据中再次进行测试，于前 6 个月或 12 个月的数据而言，后 6 个月或 12 个月的历史数据在一定程度上相当于实盘数据，因此通过这种方式确定的系统参数就不会与整个历史数据的走势配合得那么天衣无缝了。这种方法比较复杂，超越了本书探讨的范围。但是，请记住，金融交易中不存在圣杯，不存在绝对完美的系统，一切都在变化中，与其说是系统使我们成功，倒不如说是市场适合了我们的系统。做日内交易对量化交易的关注只有一个单纯的目的：用它来确定各种震荡指标的参数设置，再根据这些指标编制一套自动化程序，模型出来后交易者就可以把它输入到计算机上，针对某个特定的货币对汇率和确定的时间窗口，让电脑替代人脑进行交易，并在大概率上给我们带来预期收益。

二、外汇高频交易

证券交易进入全球化和电子化时代，其特征就是不断提高的交易速度、算法化和定量化，以及追求交易成交价格与交易指令下单的优化和成交的即时化。在这个趋势下，最高端的电脑技术和最高端的量化人才是即时交易也就是高频交易的基础。它是通过极高速、精密的电脑程式在极端的时间（10秒、5秒、3秒、毫秒、微秒甚至百分之一的纳秒）内，进行大量的指令优化和极度频繁的交易，以获取很微小的价差盈利，最终以积少成多的盈利获取可观收益。高频交易可以增加市场流动性，促进市场效率，但在极端情况下，也可能造成市场流动性缺口的增加，导致短时间内波动率产生群聚效应。

以美国为例，高频率主要使用者按市场占有率排列为：独立的高频交易公司使用率占29.4%、高频交易的经纪商或做市商占28%、投资银行占16.2%、对冲基金占8%、其他金融机构占18.4%。

亚洲市场的高频交易在全球的占有率比较低，但增加趋势明显。高频交易主要集中在东京证券交易所、中国香港证券交易所、新加坡证券交易所和澳洲悉尼证券交易所。在期权市场方面，韩国的期权和关联的衍生品交易量在全球独占鳌头，这归功于韩国电脑程式化交易技术的高度发展。

高频交易者一般分享主机共置服务，即把自有的电脑主机直接设置在交易所的机房内，以降低成本、提高效率。欧美交易者主要使用伦敦的主机共置服务。亚洲交易者使用欧美大型金融机构亚洲分支机构的主机共置服务。在亚洲，目前只有新加坡证券交易所和东京证券交易所有提供主机共置服务。

虽然电脑主机共置服务可以降低高频交易的部分费用，但其公平性一直存在争议，如某些高频交易者可以利用主机共置服务，获取其他交易者的价格与下单信息，据此下单获利。为防范此类事件的一再发生，美国商品期货交易委员会提出共置服务和邻近主机承办寄管规范的提案，内容要求主机的公平使用，共置费用和信息延迟和时间的透明度与开放外部供应商等规范，以力求公平性。2007 年 7 月高盛公司指控一位离职的高频交易程式设计师，声称这位员工带走了一个可以操纵市场的不公平程式，于是引起业界对高频交易的关注和攻击，质疑高盛公司和类似高盛公司这样的大型金融机构高频交易者是否以不公平的方式操纵市场。

高频交易深不可测的"高端性"成了主力机构设置价格陷阱、对行情推波助澜、进行不公平竞争的有力助手，它们常用的策略有诱饵性的交易策略，也称掠夺性的交易策略。此策略利用诱饵技术，判别和寻找潜在的大买家或大卖家，并抢先进场报出买价和卖价，而后等待大笔买单或卖单的交易，在引发价格的上涨和下跌之后平仓获利。

还有趋势引发策略——在这个策略下交易者首先建立仓位，而后发布买卖价格及相关联的虚假信息和行为，使其他交易者跟进交易，由此引起价格的快速变动，进而获取收益。

闪电式下跌也是经常出现的操纵市场的行为方式之一，买家的一部分是高频交易者，他们在很短的时间内，使委托单和交易资讯超出了电脑交易系统所能负荷的能量，这当然会影响到市场的稳定与投资者的权益。

2011 年 9 月 6 号，市场受到瑞郎与欧元脱钩的信息冲击，同时在高频交易的推波助澜之下，使得瑞郎在日内闪崩——飙升了 1120 点。在这种极具破坏力的价格波动中，连像福汇这样著名的外汇经纪商也难幸免，出现了整体穿仓的惨状。作为美国上市公司的子公司，福汇在这次瑞郎"黑天鹅"事件中亏损了 2.5 亿美元，从一家著名的外汇经纪商变成一家负债累累的代理商。

美国证监会曾对高频交易的不公平竞争做过深入的市场调查，结果认为高频交易至少在很短时间内会产生扩大下跌幅度的作用。但是 2018 年 7 月，CFTC 的报告又指出，高频交易并没有产生破坏性的价格波动，美国金融市场具有高效率，能迅速吸收新信息，所以，美国的金融市场包括外汇市场，依旧是全球首要的价格发现机制。美国市场无论是现货市场还是衍生品市场的有效性、深度与广度都是其他国家和地区的市场所无法比拟的。

没有一个市场像外汇市场这样高度依赖高频交易，外汇市场每天的成交量约 6 万亿美元，其中 60% 以上的交易是由银行完成的，而银行使用高

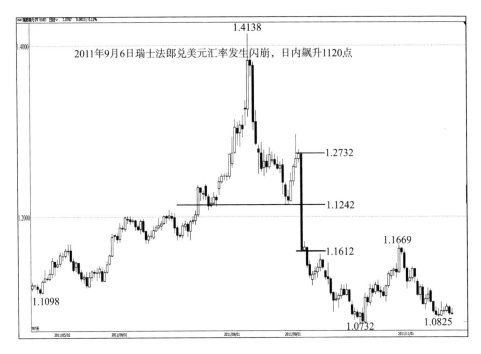

图 11－1 瑞郎闪崩（2011 年 9 月 6 日）

频交易完成的成交量占全球外汇日交易量的 25％，因此我们有必要了解银行做市商的高频交易的市场功能。

货币中心银行扮演的做市商角色是关键市场功能，它们向市场持续提供双向的买卖挂单，以创造或提高市场的流动性。随着电脑技术的快速进步，一部分做市商开始利用自身的能力和高速电子计算系统挂单，寻找其他交易者或投资者的交易意向和隐藏的信息，加以利用并获利。此外，高频做市商采用的策略经常是所谓的阿尔法策略，并以该策略为基础，把它们的仓位存货在市场上挂出分毫价格（micro price）的买单和卖单——一方面可提供市场的流动性，另一方面可交易获利。阿尔法策略包括趋势追随、均值回归、匹配交易和其他可以创造出超额收益的策略。阿尔法是衡量超额收益的基准，所以阿尔法策略要求能够预测并及时计算出汇价被市场高估和低估的分毫价格，而后便可以迅速获利。若只知道平衡价格而不知道失衡的分毫价格，高频阿尔法交易就会失效。做市商进行高频交易不仅要能在毫秒、微秒、秒和分钟完成，还要能够事先预测和及时计算出汇价在极短时间内被高估和低估的分毫价格，因此，高频交易需要有非常高端的技术、昂贵的基础设施和一流的人才做支撑。由于策略同质化倾向越来越严重，高频交易的利润也日趋微薄，许多银行做市商现在倾向于回归传统，单纯只做做市商。

三、布林模型

一般的量化交易技术也许与个人投资者的关系更为密切，所以在这里，我们以举例说明的方式，简单介绍建立在布林带这一技术分析工具上的外汇自动化交易模型，简称"布林模型"。

布林带这一技术分析工具本质上就是一个独立的、接近完美的量化分析系统，它的构造非常简单：

第一，使用简单移动平均线，这是基础；

第二，用标准偏差设置宽度；

第三，默认值是 20 期均线和 2 个标准偏差；

第四，均线数变了，通道宽度就要相应变化；

第五，保持简单。

布林带的简单使它显得很美，它的实用使它显得非常强大。在用它来做量化模型之前，我对这个指标或者说系统已经非常熟悉，因此要量化建模时首先想到的就是它。在我的系统中平时不存在均线，只有走势混沌时，我才会临时把布林带叠加到界面上去，我第一眼看的就是那条最强大的 20 期均线，随后再看价格是否刺破了上轨和下轨，如此这般，一切了然于胸。布林模型是我花力气最多、最喜欢的一种模型，它也给我带来了令人嫉妒的年投资回报率。

布林带默认设置是 20 期简单移动平均线，价格波动设定为两个标准差，这就是说，均线总是在中间运行，它是上方价格的支撑位和下方价格的阻力位；上轨和下轨与均线等距离，波动性低的时候，布林带很窄，多数时候横着走；暴发行情时布林带上下轨会突然裂开，形成"大气泡"——这是布林带最大的优势。理论上，布林带的上下轨之间包含了 85% 的价格变化，当初布林格自己也承认剩下的 5% 使他的系统并不完美——这是一种谦虚。请问，哪个系统是绝对完美的？

作为外汇日内交易者，我们的目的很明确：精准捕捉拐点，顺势博主波段或日内趋势。这一策略通过使用布林带的回调功能来实现最有效。在布林带系统中，只有当价格达到或超过上轨与下轨之一时，回调才具有真正的意义。衡量是否能够达到这个要求的，就是后来布林格又发明的%B值。通过这一数值的计算，我们能确定货币对汇率价格反转的临界点。比如，要达到这个要求意味着该货币对价格处于超买状态，这种价格高于上轨的走势出现的频率需要超过回溯期所有类似数据出现频率的80%，这时，理论上，价格应该向20平均线回归（回调）。同样，如果交易价格位于下轨以下，该货币对被认为处于超卖状态，那么，就应该出现反弹，从下往上向20平均线回归。我用过去五年的历史数据进行回测，并将这一模型在实践中进行试用，结果是5分钟窗口和15分钟窗口的效果要比1小时窗口更好。即便是这样，我也给人脑的作用或者说人的主观能动性一些参与的空间：每月对参数进行微调，如果出现特殊行情就人机合一，用主观交易跟踪程序化交易，随时矫正模型出现的明显偏差。

四、布林模型的核心指标——%B值

既然大多数重大的价格折回运动都发生在布林带的上下轨之间，那么我们就应该重视那些极端价格出现的情况，即价格超出上轨或下轨的情况。实证研究证明，极端价格出现之后，大多数情况下价格翻转后的趋势运动会持续1到3天。"升得快，跌得猛；跌得猛，弹得快"，系统专注于价格突破布林带上下轨时的运行，寻找极端走势，因为我坚信主观交易的经验——极端价格一定不可持续，会用一个剧烈的相反运动向均值回归（回调），而且经验告诉我，出现极端值的情况下的反转，往往会直接击穿中间的均线抵达下轨，所以，一些人把布林带视为趋势指标是有道理的。

我们可以从图11-2中看到，价格经常突破布林带的上轨和下轨，但是大多数情况下，即使价格有短期突破，也都只是在美元指数上涨通道中的上下摆动，而20期均线更是与美元指数的实际走势保持一致。布林带这一工具的优势就在于它兼具趋势预判和预判回调的功能。

布林格本人早已意识到强劲的价格运动常常会突破布林带的上下轨，他暗示我们用价量关系分析来解决这个问题也许更有效，但那是主观做法，为了使自己的系统简单实用，他又开发了另外两个指标，以便来使整

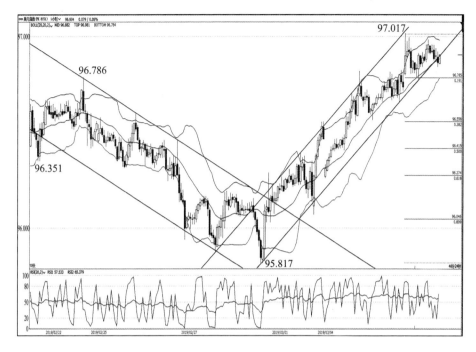

图 11-2 美元指数布林带 1 小时走势图

个系统用起来更有效。

他开发出两个衍生指标，一个叫%B，另一个叫通道宽度。B%告诉我们价格和布林通道的关系，在系统中，它是连接价格和指标波动的关键；通道宽度告诉我们通道有多宽，能帮助找到趋势的开始和结束，这很重要。对日内交易来说，第一个指标显然更加有针对性。

%B 指标的计算与市场技术分析家乔治·莱恩（George Lane）用于计算随机指标的公式相同，很简单：

$$\%B = (最新价格 - 下轨) / (上轨 - 下轨)$$

如果最新的价格贴着上轨，那么，公式值是 1.0；如果价格在均线上，公式值是 0.5；如果价格贴着下轨，公式值是 0.0。%B 并非有界的，如果最新价格在通道上轨之上，它的值就超过了 1.0；如果最新价格在通道之下，它的值就小于 0.0；如果是 1.1，我就说它高于上轨 10% 的通道宽度；与数值固定于 0~100 范围内的随机指标不同的是，%B 指标值也可以是负的，如果说是 -0.15，我就说它低于下轨 15% 的通道宽度。我用布林带的回调功能搜索 %B 的极端值，编程设定的参数是：当 %B 指标的数值高于

1.10 就做空；低于 -1.08 就做多。模型先在美元指数上试用，后来就直接用于欧元/美元汇率的交易。

图 11-3 显示，美元指数 5 分钟走势先在布林带上出现了一个小型的 W 形底，接着形成的 3 个 M 顶。在第一个 M 顶价格突破布林带的上轨，最新价格为 A 点的 96.815，计算得出的%B 数值为 1.25；下方的极价值为 96.695,%B 值为 -1.26。再看第二个 M 顶，价格突破后在 B 点形成新的高点 96.794，计算得出%B 值为 1.15；下方的极价值为 96.658,%B 值为 -1.09。这 4 个数值全部符合我们设定的参数要求。

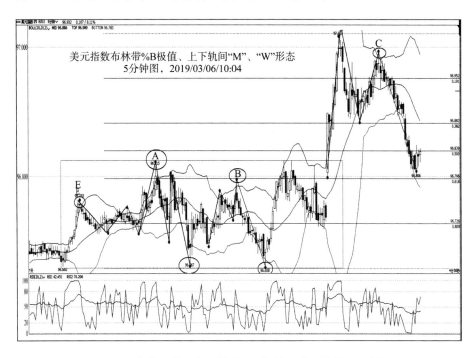

图 11-3 布林通道、上下轨及%B 极值，美元指数，5 分钟图

为了最大限度地捕获这些极端价格运动，我也曾尝试压缩通道的宽度，以增加每天符合系统要求的信号频率。为了对冲压缩带宽而增加的风险，我将预期止盈点从回调至移动平均线改为从第一次触及下轨时退出，同时，使用了跟踪止损点和时间止损点，最终，优化后的布林模型表现不错，在波动性市场环境下，该系统能在 30%~40% 的波动幅度内发现 3-10 时间单位的价格运动。我用 10000 美元的模拟盘进行跟踪交易，表 11-1 显示了为期 12 个月的回测结果。

表 11 - 1　美元指数布林模型程序化交易系统统计资料

系统	布林模型程序化交易
类型	%B 极值回调，多头/空头，空头/多头
期限	20 个交易日调整
回测	240 个交易日
使用图表	布林带，5 分钟 K 线图，20 期均线
交易	788 次交易；69% 的胜率，每次交易净收益为 2.78%
利润	10000 美元账户资金的收益为 42699 美元，年投资回报率为 427%
止损点（多头）	入市价 × 1.05，追踪
止损点（空头）	入市价 × 1.05，追踪
年度最大回撤	7.67%
目标退出点	多样

五、创建你自己的自动化交易系统

在这里，我们只是举了一个简单的外汇程序化算法交易的例子，目的是让一些朋友对外汇量化交易有更直观的认识。要进行外汇自动化交易并不困难，即使你没有学过编程也可以努力尝试一下。

在第二章里，我向大家介绍过在 GMI 的 MetaTrader4 里面就有一个内嵌的建立量化模型的工具，它有一个编程语言，用它可以创建你自己的指标和自动交易程序。GMI 会为你提供一个虚拟账户，在正式实盘下单前可先练习以及测试自制的程序，经纪商提供的过去几年的数据已经足够你的策略回测之用。最后，请牢记，不要百分之百地相信你的模型，要学会管理模型，市场环境和交易条件在不断变化，过去好用的模型现在不一定好用，所以模型也需要不断调整、优化。交易不存在圣杯，量化交易也同样，这就是为什么交易这么具有挑战性又如此吸引人的原因。

若你已亲手了建立货币对的自动化交易模型，意味着你可能因此减轻

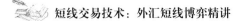

了基本分析和技术分析的劳神费心，顺利的话，进行外汇在线日内交易时会倍感轻松。有了程序化交易系统，只要你设好止损，就不必整日坐在电脑前，你可以在午休时间、下午开会结束时间、一周或一个月里的某一天进行交易，这同样可以给你带来可观的收入。有了自己动手做出来的模型，你将对自己的交易充满信心；在当今反复无常的市场中，程序化交易严格控制了风险，让你有可能从此不再遭遇巨额亏损，同时也能使你的财富不断增长。

第12章

外汇交易账户的管理

讨论账户管理难免流于宽泛，每一个外汇交易者都会进行账户管理，但又难免缺乏纪律。太多的宽泛讨论反倒混淆了各种概念："风险控制""风险管理""资金管理""头寸管理"等说法常令人眼花缭乱。其实这些概念各有侧重。外汇交易账户的管理有别于股票账户和期货账户，它的风险源主要来自明显的高杠杆。在交易层面上我们考虑更多的是如何止损，但在账户管理上，我们主要考虑的是本金是否充裕，小账户如何管理，一般情况下的账户又该怎么管理？管理账户，要求我们先学会生存，再考虑如何赚钱把账户做大，这与你对外汇市场的认知、交易经验、风险承受能力和是否能严格执行给自己定下的纪律有关——定下纪律不执行，一切努力归之于零。

一、外汇交易账户的特点

在国内，开一个期货账户需要 10 万人民币，开一个期权账户需要 50 万人民币，而外汇交易账户一般资金规模很小，以 GMI 为例，最低开户金额为 2000 美元，有的经纪商为了拉客户，开户资金的最低限额为 100 美元。比如，货币对汇率价格每变动 1 个点为 10 美元，不考虑经纪商挣你的点差，100 美元的账户只要有 10 点的波动你就会被扫地出门，这和买一次彩票没有两样。对外汇交易新手来说，合适的资金规模不要低于 5000 美元——这相当于 33000 人民币，是期权开户最低限额的 1/15。因为你是在从事难度最大、专业性最强的外汇短线交易，你需要时间来训练、培训自己，即使本意是赌着玩，你也要把 5000 美元分成 10 份，每次拿 500 美元去下注，这样至少能让你玩上那么一阵，足以尽兴；碰上好运，也可能像我们在第一章提到的那位王先生一样，使你的账户金额数天之内就能翻好几番——但也许下一秒钟你有又可能坠入悬崖。

外汇交易和股票交易显然不一样，这主要体现在两个方面：一是外汇交易有高杠杆，只要你愿意，一般可以做到1:100或1:200的杠杆率；而股票没有杠杆，所以，一只股票在盘中上下百分之一二是非常正常的，构不成对你资金的威胁，使你的心理和情绪的波动不会太大，你至少有一天的时间来琢磨如何处理你的头寸。二是股票交易往往强调分散化，流行的观点就是只有通过"分散化投资"才能分散风险。而外汇交易却强调只交易一两种货币对。因为汇价变化极快，影响汇率价格变动的因素比影响股票价格的因素多得多，再考虑到那么高的杠杆率，你就会感到"高处不胜寒"。如果你具有常识和理性，那么，你会敏锐地意识到不能一下子用全部5000美元去当赌注。另外，按照我们已经讨论过的，你跟踪一个货币对最好使用2到3个窗口，如果你跟踪两个，你就要眼观六路——看6个窗口的行情，稍不留意，就会出问题。

外汇交易与期货交易也不一样。期货虽然也有杠杆，但是与外汇交易相比是"小巫见大巫"。国内的期货杠杆一般只有10倍到15倍，这就已经对期货交易者构成了很大的心理压力，如果你连期货交易都没有做过就直接介入外汇现货交易，那么很有可能输得晕头转向。如果期货的杠杆是10倍，那么，账户资金的实际使用率要控制在10%~20%，按照这个比率，外汇交易中的资金占用率就要小得多，大约为1%~2%。

与股票相似，商品期货的交易为了让风险最小化，最好的方法是交易大量的独立商品，当两种商品之间不存在共涨共跌现象时，它们就是彼此独立的。在一个商品组中，商品相互关联水平高就会出现同涨同跌的现象，如果某个商品开始出现回撤，那么其他商品也会开始出现回撤，如果可供交易的资金量限制了同时交易的每种商品的头寸数量，那就可以进行风险对冲性很高的多元化交易，避免了集中交易带来的大幅回撤风险。外汇交易这样做就很困难，你很可能只交易一种头寸，所以整体资金产生大幅回撤的风险更大。

外汇交易和期货交易都要付手续费，期货交易的手续费相对低得多，而外汇交易不一样，经纪商挣的是你的点差，而且浮动点差制度使你摸不清到底挣了你多少钱。一般来说，完成一份合约的交易你要付出 10 美元至 20 美元的佣金，可想而知，外汇交易的快节奏、多频次成交，使你的交易成本远远高过交易期货时的成本，不知不觉中就吞噬了你大量的本金。

二、准备好充裕的资本金

我在境外时看到过很多交易"指南"都阻止账户起始资金少于 10 万美元的交易新手参与短线交易。交易新手以小额本金参与交易是否明智暂且不说，先说这个至少 10 万美元的本金要求现实吗？我敢肯定，在国内，即使把资金要求降低一半，能达到这个要求的交易者也不会太多。一些久经沙场的股票或期货交易高手，现在转战到外汇交易领域，不仅有了一定的交易技能，也淘到了第一桶金，有了一定的资金实力，但是我相信，超出 10 万美元以上的人并不多。资金充足的优势与资金不足的劣势是不言而喻的。一个 10 万美元的账户在一年可获得 50% 的投资回报，既可以满足交易者的生活要求，还可以继续进行更好的交易，然而，如果一个资金只有 5000 美元的账户，即使收益率仍然能达到 50%，但是这个收益可能刚好够支付半年房租，这就是我们常说的不同的交易者起始条件是不一样的，也是一旦开始交易就无法视而不见的主要区别。但是，这不是说起始资金少就没有希望了，外汇市场是一个与众不同的市场，不管是只有一部手机、几千美元的个人交易者，还是以此为生、有上千万美元的大玩家，都可以从相对公平、透明的博弈中获得可观的收益。

外汇个人交易者必须准备好其他资金来保证未来有足够的生活费用，这在其他投资领域也一样，即使开一个小店，也需要资本，当然，还包括每个月的日常生活开支。所以，如何处理好这个问题是一个外汇个人交易者必须事先权衡的：若你准备以此为生，作为一项事业，那么就必须要做一个长期的投资计划，在本金之外再准备好一笔资金。外汇在线即市交易，作为一种谋生的方式，对那些生性胆怯和懒散的人来说很难成功。就像所有创业一样，个人交易者需要对自己和自己的事业进行投资，做好充分准备，在进入外汇交易这个领域之前必须拥有足够的闲钱，这样才能神清气定，有资金空间来逐步将账户做大。从某种程度上说，账户的实际规模并不那么关键，事在人为，一个天生悟性好的超短线交易者会迅速成长起来，基本上可以将任何规模的账户做大到期望的程度。这样的事情不多，但确实存在，真正的诀窍不在于以大资金开始，而在于如何较快地掌握短线交易必需的专业技能，成为一个能够稳定盈利的短线交易者。

三、外汇交易新手的账户管理

对于新手，首先要使自己在市场中存活下来，然后再说赚钱。我坚决主张以小赌注开始交易，直到能够稳定持续盈利，即便是那些已经实现了稳定盈利，但规模还比较小的交易者，如果仍然在技术分析的学习阶段挣扎，我仍建议以非常小的资金来交易，直到最终情况开始好转。凭我的经验，在还无法自如的运用各种技能来交易时，即使你的每笔交易只用本金的 2% 来冒险，但由于每笔交易几乎都是有去无回，最后一定会毁掉你的整个账户。

对刚从事外汇在线交易的朋友来说，我觉得你记住下述原则就够用了：

第一，在你的账户上至少注入 5000 美元；

第二，每次用于交易的资金不能超过本金总额的 1%；买入一份迷你型或微交易合约（合约规模是正式合约的 0.1 或 0.01）；止损位距离入市价格不超出 10 个点。

选好货币对，按此原则就这么机械式的交易，连续交易两三个月，然后，看看你的账户是否持续稳定盈利，或者说至少没有太大亏损。如果希望初现，你就可以进阶训练自己：买上 2 到 5 手迷你型合约，然后再连续交易三个月。六个月后，你就能判断出自己能否继续交易下去。那时候，如果你做到了持续盈利，由于有了盈利，你对自己的信心大增，交易就会觉得轻松多了，但不能骄傲，仍要以平常之心去对待每一次交易。

外汇市场赋予了交易者极高的灵活性，多数经纪商提供 0.1 个单位的合约，甚至 0.01 个单位的合约，交易者可以自由选择自己喜欢的合约大小，也可以自定义设置自己需要的杠杆比率。既然市场向我们提供了这种灵活性，我们就要好好利用它。

四、账户管理的关键是保证金占有率

外汇交易账户"成也高杠杆，败也高杠杆"。意识到这一点，也就意识到了账户管理最重要的就是控制住你的头寸规模，或者说控制住你的资金使用率。一般情况下，期货交易最好是使用账户资金的 10% 来构建头寸，行情好的话，允许用 20% 的资金；如想持有隔夜头寸，那么，收盘前你必须把大部分盈利的头寸平掉，使资金使用率降到 5%。但是，即使这种比例，对外汇在线交易的高杠杆率的现货炒作来说还是太高了；除非你有对抗高杠杆的充足的资金，有钱你就输得起，输得起你就能在市场里待得久，久而久之，你有了经验，才能生存下来，接着再慢慢做大。但投机交易有一个与生俱来的死穴——任何人用来投机的资金都是有限的，包括索罗斯也一样。

在深入探讨账户管理细节之前，允许我展望一下"美好的前景"：如果用 10 万美元开一个专业账户，我给出的账户管理建议是每次拿不超过账户 2% 的资金来交易，盈利目标是平均每天只赚 5 个点，一年中约有 230 天可以赚钱，那么，在一年的时间里，通过复利计算，你的账户会增加 10 倍。如果用另一个规模的本金 230 天复制这个赚钱模式，最初的账户就会增长 100 倍——当然这只是数学上的计算结果。

我要强调的是，正确的账户管理首先要克服人性的弱点——贪婪。交易从头到尾都是在寻找平衡，账户管理也不例外。我们不能追求一夜暴富，我们的正确目标应该是如何去创造一个每天都有微小盈利产生的账户。成功之道是我们要掌握和相信那个复利计算系数，这也是巴菲特的成功经验之一。这一概念的含义就是所有新的收益都会投入运用，与本金一起共同作用于账户的增长。外汇短线交易的一大优势就是具有使账户爆炸式增长的潜力，对大部分股票和期货基金经理以及他们的客户来说，每年有 20% 的回报就已经值得欢呼了。但是这个回报对素质优良的外汇短线交易者来说就太少了，特别是当交易者是全职交易并还缺乏资金时，他必须在控制高杠杆风险的前提下，尽可能地积累所有交易收益，然后立即将这些收益投入下一轮交易中，使每一笔交易的成交量都相应扩大。

如果情况相反，一个资金少于 1 万美元的较小交易者，若每周或每月从账户取出自己的收益做生活开支，那他就会严重削弱账户资金增长的潜力，当然，他自己可能觉得这样做没有问题；但是，想要成为一个玩更大资金的交易者，在账户真正做大之前，最好不要从账户中取走任何利润。

就像不存在绝对完美的交易系统一样，也不存在绝对理想的账户管理方法，最好的办法也只能是提供一个适合大部分新手和中级水平的个人外汇交易者都能理解、掌握和使用的"通用指南"。我向大家介绍的最简单的经验模式就是：2%的资金使用率加上10点的止损。模式也许过于简单，谈不上指南，只是一种现身说法，并不一定适合你。

对于在外汇交易中那些有持续稳定盈利的交易者来说，在每笔交易中只拿总资金的2%来冒险，算是老生常谈了。这些交易者很少超过这个比例，很多经验丰富的交易者甚至还会低于这个比例。每一笔交易都坚持这个比例，并在这个资金比例允许的范围内选择最大的交易量，加上10个点的止损，就是我称其为2%的模型。就风险控制来说，也就等于把每天的最大回撤（亏损）限制在2%之内。现在，每个完善的交易平台都可以让我们免去在交易期间做这种计算的麻烦，一个更简单的方法就是每天更新一下你的强行平仓设定值。一般情况下，我输入的强行平仓值是总资金额的1.5%。尽管强行平仓带来的"咣"声有点吓人，但可以使你在交易的时候不再为总体止损牵肠挂肚，只需要将新的交易量数字输入交易平台的订单预设选项中并保存设置就行了。"咣"的一声是警钟长鸣，它告诉你这个时候应该停下来，不要再继续交易了。

现在以欧元/美元为例，我们来讨论2%模式的细节。

在计算每笔交易的交易量和相应的止损时，我们必须将经纪商提供的杠杆率、欧元/美元的汇率、2%的可用资金和价格走势一并考虑，10个点的止损有时达不到，有时还有增加的空间，有一个简单的方法——就是盯住汇率。比如，欧元/美元的合约其价值是10万美元，当前的汇率如果是1.2500，这意味着10万欧元可以兑换125000美元，一个点的变动就成了12.5美元。

10万美元账户的2%是2000美元，经纪商允许你用1∶200的杠杆，如你用500欧元（625美元）购买了1份欧元/美元合约，你可以有最多50个点的止损；如果允许你使用1∶100的杠杆率，你实际使用资金1250美元，而你的止损可以允许你达到 100 个点，这说明杠杆越大风险越大。第一种情况，只要入市价下跌 50 个点（这基本上等于欧元在亚洲时段一天的波幅），你的保证金就会亏光；第二种情况，保证金使用额加倍，你可以撑到入市价下跌 100 点，那时你才输光你的保证金。我们建议用 10 个点的止损，也就是意味着如果入市后出现价格逆转，你最大的损失也就是实际使用资金的 10%~20%。也许有些朋友觉得这样做太过保守，但这样做至少可以使你快进快出的短线交易策略得以持续，而不会遇到保证金不足的问题。当然不一定非要采用 2% 的模型，如果这个风险比例超过或满足不了你的心理舒适区或者你当前的技术水平，那么，你也可以调低和调高风险比率。

现在让我们把复利计算加到上面的案例中，每次使用资金不超过本金的 2%，每次交易 1 份合约，每天交易一次，10 个点的止损，平均每天收益 10 个点，一年 230 天，按照复利公式计算：$10000 \times \{(1 + 0.0125)^{230} - 1\} = 332850$，收益 = 330.29%。

你的年投资收益率达到 330.29%——当然这是计算的理想情况，你不可能天天盈利——即使胜率是 50%，收益也极为可观。巴菲特的年均收益率几十年来为 19%，索罗斯为 23%，在投资业界，年收益超出 30% 是优良的投资业绩。而实际上，你的资金使用率大大低于 2%，也就是说，这种模式是低风险/高回报的交易模式，如果单从交易量计算的角度来说，一天下来是盈利还是亏损没有关系，如果账户余额减少，那么第二天交易量就会相应降低，正如我们看到的，2% 复利计算交易模式具有双重功能，它不仅允许账户在持续稳定盈利的情况下的指数式增长，还可以通过降低交易者的成交量，来防止交易者超过允许的风险额度。

刚开始你可能会觉得这个计算过程有点麻烦，但是只要稍加练习，你就会发现它实际上是专业超短线交易领域中一个最简单的方法，最后就成了只不过随着资金规模的增加，而交易量增加同样的倍数而已。这个计算花不了多少时间，但好处确实很大——在外汇市场上，通过这种方式，交易者可以逐渐提高每一笔的交易量，提高账户余额增加的速度，并且还不会遇到伴随较大的交易量而来的心理压力。

五、潜在杀手：手续费与滑点

外汇在线交易是场外交易，看似成本很低其实更可怕。与股票交易和期货交易相比，表面上看，它不但费用低廉，而且收费单一，经纪商通过提供平台服务，向你收取交易每份合约的固定手续费，现在比较流行的是收取一个点左右的浮动点差来计算收取的手续费。这貌似简单，实质中间猫腻更多。

首先，每种合约的手续费报价，因为行情的不同、交易品种的不同、合约规模的不同以及出于其他因素的考虑，每个交易平台或者说每个经纪商收取手续费的标准是不一样的，而且有权随时变化，收费孰高孰低，只能事前或事后反复比较才能做出判断。

其次，一般地，经纪商的上线是多家大型货币中心银行，后者向它提供通道和银行间自动撮合交易及清算服务。经纪商和每家货币中心银行都有这样或那样的协议，双边协议的内容是保密的，其中最重要的就是彼此利益的分割——点差的分割，所以，任何时候即使目睹滑点过大，经纪商也会装聋作哑，交易者只好任人宰割。

比如，每份欧元/美元合约在正常情况下，一进一出收取一个点的费用10美元；但实际上，做市商和经纪商常常会用各种理由收取可能是20～25美元的手续费，当平时里盯盘交易的操盘手事后发现这个问题，再找经纪商论理时也无济于事。因为理论上，滑点是市场交易风险，有时市场波动大，流动性减少，滑点就会大（买卖价差大）——做市商和经纪商会如此说。

最后，如果你是代理商介绍给平台的客户，那么将会更加糟糕，经纪商支付给代理商的代理费还得加在你头上（包含在总的手续费里），这又你是看不出来的一块。

举例来说，以目前的汇率计算，一份欧元/美元合约大约为12万美元，保证金大约为1200美元（100倍杠杆），你每次交易平均支付20美元的手续费，占保证金的0.016%，按每天两次交易频率计算，全年500次，一年下来，光手续费一项就是9960美元，是1200美元保证金的8.3倍。如果你开户时的资金只有5000美元，那么，即使你的交易不输不赢，仅仅手续费的亏损就可以让你不到半年就会被扫地出门，这就是为什么我们说市场本身不产生价值，所有市场都是负和博弈。这就好比当下遍地开花的麻将馆打麻将，各式人等进进出出，非常热闹，麻将馆的生意因为人多而兴隆，因为人少而冷清，但总而言之，一年下来，打麻将的人总体上一定是输钱的，因为他们每次打牌都要交场地费和茶水钱，这和市场中的散户要交手续费是一个道理。

外汇交易中另一个隐形杀手就是交易滑点。交易滑点是冲击成本的通俗叫法。目前由于外汇场外的现货交易即在线交易，均使用全球流行的METE4 软件，通过经纪商平台直接接入银行间市场，这种交易的快捷性前所未有。也正因为如此，交易者担心如果挂单报价遇到快速行情没有成交会产生严重后果，所以，交易者习惯以对手价报价，甚至超价或者追价报单。正是这一交易习惯使交易者付出了比交易手续费更多的隐形成本，在交易亏损时加大了亏损，在交易盈利时减少了盈利，因此，对交易业绩来说是不折不扣的潜在杀手。以交易者非常喜欢的活跃品种欧元/美元为例，欧元最小价格跳动单位为 0.0001（12 美元），一份合约（假设以 1 欧元/1.2000 美元的汇率计算）规模为 12 万美元，开平仓均用对手价，在交易量不大，不影响价格的情况下，滑点费用一份合约 50 美金，滑点占保证金的比率为 $50/1200 = 0.0416\%$；假设手续费为 20 美元，则占保证金的 0166%，把手续费和滑点费用加在一起，这两项费用占保证金的比例就会高达 0.0582%；假设你的交易频率和前面的一样，加上滑点费用，一年下来，你的交易成本就是 1200 美元保证金的 29 倍。

一般来说，流动性好的品种滑点较小，行情平稳时滑点也小，反之，流动性不好的品种波动大，滑点也就大。如果遇上流动性不好的时候，滑点就更大。由于存在这些无法把握的隐性成本，和股票、债券和商品市场相比，外汇日内交易更是一个负和博弈的赌博游戏，在经纪商和媒体的大肆渲染下，不考虑各种成本和风险、只想一夜暴富的散户就成了扑火的飞蛾。

第13章

市场情绪与心理陷阱

以交易谋生是一种心理、体力始终承受着巨大压力的营生，这种巨大的压力主要来自情绪波动和心理上的高度紧张。绝大多数交易者每时每刻都处在一种自我分裂中，或者说，处于一种痛苦的双向拉扯的心理冲突中，即使是机构交易者也不过是另一个扩大了的自我：一方面，你想根据自己的思考和决策来交易；另一方面，从众本能的诱惑却产生反向拉扯。老练的炒手，在应该反向思考的关键时刻，也会常常陷入歇斯底里的陷阱。因此，技术分析最有价值的一面就是它用理性方法来应对市场的非理性现象，鼓励交易者远离人多势众的压力和"聪明钱"刻意为你制造的种种陷阱。

一、情绪变化与价格变动的有限循环

价格的重要性在于它能影响市场大众的心理和情绪。价格变化是由大众情绪性承诺的强度来决定的，交易大众的情绪演绎或快或慢，体现在价格上就形成各种价格、价格形态及各个阶段的价格走势——我们称之为横盘、震荡、向上趋势和向下趋势。万事万物都是周而复始的运动，人的心理结构和情绪演绎也有周期性，大众情绪的螺旋式波动，使我们看到了可视的、物理的价格循环，正因为如此，价格运动总是以"波"的形式出现和发展的，由数个小波动构成的大的波动我们谓之"浪"，无论是短线的波，还是中、长线的浪，其本质都是人性驱动。

技术分析的有效性在于它不对基本面进行分析，而是针对市场行为进行分析，这意味着它接受了市场的态度和心理结构。它不考虑基本价值，因为它信仰"一切信息及有关价值的预期都已反映在价格中"；它知道市场中存在或者正在发生中的事物的每一个价格，却不知道任何事物的价值，这意味着金融市场实际上永远会预期未来，金融市场价格之变化因此而领先于基本面的变化。

价格走势显然并不只是被动地对市场力量作出反应，回馈作用确保市场力量本身会反应价格走势，换言之，价格与交易者之间存在着有限循环关系，这使市场会有自我实现的功能。这个现象与古典经济学的供求关系决定价格变动之假设完全相反。

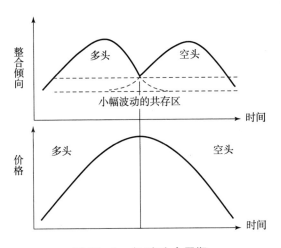

图 13 - 1　多/空生命周期

交易的最终裁判者是价格，因为它是多空博弈的暂时"平衡"，是客观存在的真实。价格开始新一轮运动倾向于朝以确定的方向持续进行，这时的价格走势传递了控盘方信息，这一信息发挥了引导市场的功能。一旦大多数交易者认同了这一信息，价格就会"反转"，从而突破盘中整区间的上下限，摆动到一个新的价格区间，直到价格走到它"应该去"的地方。简言之，金融市场的基本结构本质上是由交易大众的情绪变化所决定的，市场的情绪变化与价格变化之间存在着一一对应的关系。

在实践中，跟踪、判断市场情绪变化的指标很多，但最简单的指标就是多空比，即多头和空头的比例，或者说买盘数量和卖盘数量的比例。图 13 - 2 用这一指标解释了市场情绪与价格波动的有限循环，图中价格曲线自横轴原点（平衡点）向右移动，表示预期价格上涨，人数相对增加；向左移动，则表示预期价格下跌，人数也相对增加。该指标直接受到价格

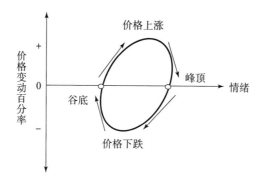

图 13 - 2　市场情绪与价格循环

变化方向与变化幅度的影响。

二、解读"拐点"的情绪转变

外汇短线交易的成败，关键在于你能否及时辨别盘中或日内的关键支撑位和阻力位，即"拐点"。在前面的讨论中，我们使用的斐波那契数列是一种捕捉自然反转点的方法，相对强弱震荡指标是一个捕捉短线价格反转点的方法。这些方法倾向于数据，而不是解读。更深层次的理解是，理解拐点必须要先理解买卖信号背后的市场情绪转变和相应的行为结构的变化。价格循环中的情绪如同钟摆，一直在恐惧和贪婪之间不断重复摆动，正是这种价格与情绪之间的有限循环过程确保了投资者行为不断强化了该趋势。比如，我们关注 tick，在期货和期权的交易中，意味着成交量与未平仓量合约都应该增加，无论价格趋势是向上或向下都一样。恐惧情绪对价格的影响最大、最快，这是因为人生而惧怕危机，在突然暴跌的市场中，恐惧情绪有压倒一切的特征，会截断人们的理性思考，使交易者心跳加速，手心冒汗，在惊慌失措中盲目交易，结果就是市场出现了我们司空见惯的超卖现象。

在新价格趋势形成的初期阶段，多数交易者仍停留在其所认定的原价格趋势中。趋势濒临结束不可能一下子被普遍认识到，少数精明的交易者开始怀疑价格会反转，开始调整头寸，即使这样做，这个群体心里也会明白未来的价格走势仍存有某种程度的不确定性，头寸调整的幅度不会很大，或建立少量试探性的反向头寸，而不会采取较长期的观点。多头趋势处于萌芽时（往往是主力在低价位悄悄吸筹的时候），多数人还陷在前期亏损产生的恐惧中，而在空头趋势的萌芽状态时（往往是主力在头部出货的时候），多数人还处在狂热的追涨中，害怕错失进一步的获利机会，而不是出清大部分的头寸。

接下来，价格反转点逐步被市场认同，随着时间的推移，其认同吸引了更多的交易者，使原来的反向思维者成为大多数。价格在这个阶段，市场大众的情绪性承诺得以不断加强；随着成交量的攀升形成了有力反馈，又使价格走势进一步加强。这时，市场参与者一致认定该价格走势已经形成一个上升或下降的趋势，于是情绪性的信念取代了任何合理的怀疑，交易大众纷纷追随趋势，争先恐后地建立新的交易头寸。

交易者行为的此项特征，说明市场已埋下了导致价格循环的下一个阶段，一旦多头或空头的价格趋势全速前进，市场认同一致，则价格反转的基础也告完成。当然，趋势会持续一段时间，越来越多的人相信该趋势并加入顺势交易，但这一行为的背后，实际效果正相反，会使推动该趋势持续的人越来越少：在多头趋势中，没有钱可以再去买筹码；在空头趋势中，也没有筹码可以再卖出，当大多数交易者认为价格还不会发生转折的时候，价格反转不可避免地发生了，交易者情绪随之反转。索罗斯提出的自我实现论就是利用市场情绪重仓大赌，短时内获取暴利，他的投机交易反射点理论，其实就是一个有提前量的反向操作。"聪明钱""综合人"或"主力资金"，都可以用一句话概括：它们是煽动市场情绪、利用大众心理的职业高手。

三、避免心理陷阱

交易不仅要认识外部世界，更重要或者说决定性的是要记住苏格拉底的那句话——"认识你自己"。许多心理陷阱是由人性的许多似是而非的弱点造成的，它们与生俱来，不可避免，你要了解自己的禀赋和个性，用理性去战胜人性的弱点，在长期的实战磨炼中养成一个成功的交易员必须具备的优良的心理素质，一种沉着、冷静的交易风格。

影响交易行为的几个主要的心理陷阱如下：

1. 过度止盈

如果你仔细地考察了交易行为这一现象，你会吃惊地发现，交易市场上的赢家恰好就是反其道（理性）而思考的行动专家。总结一些失败的交易时，你会发现这些行为是非常符合人性或者说理性的；许多"符合理性"的想法和做法，在金融交易中被一再证明是错误的；仅凭理性的交易基本上都是失败的，直觉的（非真正意义上理性）交易却往往是成功的。可以毫不夸张地说，新手的交易亏损几乎100%来自人性的弱点，这一弱点是以"过度理性"的方式表现出来的，过度止盈就是其中的一种。

许多人不愿意止损，老爱止盈，甚至有较长时间交易经历的人也还是这么做，这种行为是非常符合人性的。行为金融的研究结果表明投资者在赚钱的时候是风险保守的，在亏钱的时候是风险偏好的，这符合实际情况：当人们交易亏损时，总是不愿意立即止损认输，而更愿意期待情况好转，这在股市中表现得最为突出，散户总是对手里那些价格已经腰斩了的股票死抱不放。问题是在外汇交易中，恐怕你连这样的机会都没有，股票不会跌到0，但外汇头寸可以穿仓跌成负值；相反，一旦交易盈利了，绝大多数新手就会非常担心利润回吐，结果就稍有回调就赶紧平掉头寸，落袋为安了。但对交易来说，这不是理性做法，理性做法是截断损失让利润奔跑：当你亏钱后，更大概率是亏得更多；当你赚钱后，更大概率是趋势继续走强，也就是说，从概率上讲，大概率是赚得更多，尽早落袋为安是符合人性的做法，但显然，它不再使你拥有赚大钱的概率优势。

2. 重仓持有

索罗斯喜欢抓住机会下重注豪赌的神话往往使新手们觉得自己也可以有勇气这么做，但其中一个决定性的区别就是他手里有几百亿美元，而你只有区区几千美元，这就决定了你对索罗斯的豪赌式下注想都不要想。重仓交易就是在一次交易中投入过多的资金的行为。我们在前面账户管理中讨论过，在外汇交易中，因为存在高杠杆，保证金的资金占有率必须控制在2%以内，无论是觉得自己交易胜算大，或者遇上好运气，或者就想赚快钱，重仓交易都反映了非常符合人性的自私自利的自然天性。进入交易市场就是想赚钱——赚钱越快、越多、越好。从理性的角度看，重仓交易是潜意识的贪婪本性所驱动，重仓交易会导致心态失衡、情绪波动和破产概率增加。许多专业交易者认为，如果是新开的期货盘，保证金占有率一般不会超过10%，新开的外汇盘不会超过2%，除非账户有了20%以上的盈利, 有了这个安全垫, 你才可以成比例地放大头寸。头寸大, 风险就大, 一旦走势反转, 亏损巨大。一般来说, 每天交易的最大回撤不应该超过总资金的 2%, 连续三天亏损就要停下来, 暂时不能再做, 外汇交易还要更谨慎。日内交易让你避免了隔夜风险, 但风险同样存在, 过度频繁的错误交易会让亏损马上超过你每天给自己定下的最大亏损额——每天最大亏损不超过 1% 是比较好的选择。我个人的经验是头寸大了会睡不着觉, 正确的头寸能使我安然入睡。许多职业操盘手对头寸的大小有生理上的习惯性反应; 不安全的头寸会使索罗斯感到背部抽搐疼痛。

3. 过度交易

没有耐心或者没有经过好好分析研究, 就进行频繁进出交易是新手常犯的一种错误。交易机会——尤其是好的交易机会, 一定是等出来的。没有耐心的交易, 一定是明明没有满足自己的开平仓条件, 却以各式各样自欺欺人的理由和想法、伴随着起伏不定的情绪进行的交易。这种行为却又符合人性: 因为人性是不甘寂寞、不愿等待、不愿受约束的; 相反却喜欢刺激和自由, 而耐心等待意味着无聊、约束, 频繁交易意味着刺激和自由。但是没有耐心, 依据不符合自己条件的信号进行交易, 其质量是不高的, 甚至是危险的, 频繁交易还需要负担非常昂贵的交易手续费; 正确的做法又是不符合人性的——需要交易者耐心等待自己的交易信号。

4. 交易上瘾

过度交易再往前跨一步, 就成了交易上瘾——交易上瘾离你的最终毁灭只差半步。

市场上不乏通过交易快速暴富的神话故事, 所以, 投机交易不仅是合法的, 成功的投机交易也是令人羡慕的, 我要说的是, 不管你具有何种优势, 交易市场都是一场零和或负和博弈, 你从市场赚到的钱都是别人损失的钱。交易者没有真正的优势可言, 正如在拉斯维加斯的赌场中, 庄家是有优势的, 否则赌场怎么开得下去? 在股票市场中价差与佣金是做市商、庄家和经纪商控制的, 否则他们何以谋生? 外汇市场中的手续费和点差保证了那些世界级的大银行和大型经纪商全都活得很滋润。金融市场信奉丛林法则, 按理总处于劣势的散户应该知难而退, 但事实恰恰相反, 他们不但一头扎进 "金融赌场", 而且交易上瘾, 美其名曰 "积极交易"。这种

"积极交易"的赌博心态往往摧毁你的一切，使你生活混乱，身心俱疲。是否已经交易上瘾具体可以归纳为下面一些已出现的警讯：

第一，睁开眼睛想着的就是交易，睡觉前还要不放心地看一下行情；

第二，迫不及待地尽早点打开电脑，查看原有头寸的价格并且寻找新的交易标的；

第三，不断查看行情有时干扰了上班的正常工作时间，在上班时间还时常偷偷查看行情；

第四，对最重要的人际关系越来越冷漠，觉得耽误了交易时间；

第五，当配偶和孩子打扰了你的交易活动时对他们大发脾气；

第六，周围的人只要看你的脸色就可以知道你一天的交易如何；

第七，连续亏钱一定会责怪市场、市场操纵、经纪人或者你的交易系统——除了你自己之外；

第八，频繁报名参加各种培训班，联系各种咨询机构，为了找到一个确保让自己赚钱的专家；

第九，在交易设备、软件以及参加培训班上毫不犹豫地大把花钱，却不愿意再将钱花在孩子、房子和妻子身上；

第十，唯一读的书是交易的书，看的都是财经频道，听的都是媒体的财经新闻；

第十一，因为交易得了失眠症，失去了运动习惯，生活没有规律，不想停止交易，从不度假；

第十二，动用所有存款来交易或不计后果的一味借钱交易。

如果你不想有更可怕的后果，此时赶紧悬崖勒马。交易永远只是生活的一部分，而不是全部，世界也不是仅仅为交易而存在，它的美好恰恰是充满了各种生活的乐趣和值得你去追求的精神价值。从心理学上讲，上瘾的情绪成分是复杂且暂时无法治愈的，最好的办法就是逐步不断提高自控能力，把金钱交给你相信的、真正有能力的资产管理机构去打理，自己则以游戏的心情，轻松而淡定地参与其中。

四、重视亏钱对身心的伤害

交易是一种市场绑架。交易失败的残酷性体现在对人的身心带来巨大伤害。亏钱不仅叫你财务受损，同时对你的情绪和心理也造成了巨大冲击和影响，甚至影响你的健康或带来其他不可预料的负面效果，少数人几年下来钱没赚到，却惹了一身病，或连治病的钱都没有，不得不走上自杀的绝路——这绝非危言耸听。

交易失败产生的负面情绪和糟糕心理发展过程基本如下：

在出现重大亏损时，交易者不知道该如何是好，这就像得了绝症之后看到最后的诊断结果会手足无措，他第一个反应是否认这种损失："不可能！市场怎么会跌成这样？我没有看错吧？"他会坚持认为自己的这单交易仍然有利可图，只是行情还没有真正步入正轨。他会对经纪人、老婆、孩子发火，怨天尤人地咒骂市场，然后就开始一厢情愿地在心里跟老天爷和市场讨价还价——"只要行情回升不赔，我一定马上平仓离场"。但市场不理睬，头寸的亏损越来越大，随之交易者内心的沮丧和抑郁情绪进一步加重。最后，人算不如天算，他只好认命。这可能是他自己清醒过来了，也可能是终于听从了媒体或分析师的建议，更多情况下则是经纪商催缴保证金未果之后，把他的头寸强行平仓了。

交易者并不一定会按照上述顺序到接受最终后果的阶段，有些人可能在行情短暂回升之后如释重负，重新再回到兴奋状态，市场稍见反弹，他就认为行情终于反转了，还是自己正确；等到行情再次滑落，而且跌幅更大，他才因再度陷入绝境而感到愤怒。每次短暂的回升都会使他的希望重燃，接着再跌入深谷，从而恶性循环。在这样的过程中，亏损越来越大，直到无力回天。

假如交易者的仓位在原来的上涨趋势中赚了一大块，那他又会怎样反应呢？尽管行情后来出现反转，原来头寸带来的利润越来越小，但仍有微利，他会因为没有及时脱身而感到抑郁，犹豫迟疑。但同时，这时他会念念不忘之前经历的高价，那个高价也是他盈利的顶峰，每想到此他就会否认行情已经真的结束。接着市场出现再次下跌，他也会再次跟老天讨价还价，发誓说只要行情再回上去一点，他一定马上获利了结。然而价格的高点一个比一个低，原来赚钱的仓位反而出现了亏损，这种亏损与日俱增，他的反应先前是怨天尤人，后就愤怒失控，吃不下饭，睡不着觉，脾气暴躁，生活一塌糊涂。而这种糟糕透顶的状态只会导致亏损一再扩大，局面不可收拾。

上述的市场悲剧一再发生，因此我们必须认识到，一旦从事交易，你最常碰到的事情不是盈利而是亏损，对交易的正反两面都要坦然处之。每个人都要先向市场交学费才能慢慢成熟，我们都是人不是神，是人就会犯错误，更何况是做交易，和随机性和不确定性打交道。控制恐惧情绪比控制贪婪情绪要重要，因为人天生怕损失，怕危机，怕威胁到自己的生存，这种"怕"会衍生出许多更可怕的非理性的行为——这样的悲剧不胜枚举。

五、战胜自我，永远淡定

迄今为止，一切经济和金融的理论都是自圆其说，聊胜于无。一个根本的问题是，构成和驱动市场的人性不是数学方程式，外汇和外汇市场更是如此，专家的观点更倾向于承认客观存在的、无法完全把握的随机性。交易的实际操作只剩下用有限理性为基础的技术分析来应对瞬息万变的非理性的价格变动。市场参与者只能靠自己，战胜自我，这才是成功交易首要的条件。简言之，交易的基础就是心态，这种心态是一种能够持续淡定的自持力，是一种充盈着新鲜灵感的创造欲，是一种轻松、愉快的随机应变。

我对交易心态的最初感悟来自在澳门葡京赌场的经历。20世纪90年代初，我刚入行交易外汇，那时，凡是从国内来的客户，总是从罗湖口岸进来，然后在澳门的拱北口岸出去。因为香港禁止赌博，内地游客在香港玩几天以后自然就想去澳门逛逛，必去的地方就是澳门的葡京赌场，那里既有脱衣舞表演，又是亚洲最大的赌场。

我对赌博天生没有兴趣，或许因为本来就是天天在"赌"，赌桌上的一堆堆筹码，在我眼里就像一堆堆土豆。为了不使客人扫兴，每次我也买3000澳门元的筹码，凑凑热闹。不料，匪夷所思的事情发生了：几乎每次所有的客人都输光了筹码，唯有我的筹码是在往高里撂。事后，哈哈一阵大笑，赢来的筹码都又回到那些输了钱的客人手中。

静以致远，真正的思考总是姗姗来迟。每逢星夜当空，坐在自家的露台上，面对群山环抱的宁静的南头海面，我就会情不自禁地回想起在澳门赌钱的那些细节：第一个区别是，在葡京赌场的 21 点的牌桌上，我已不是中环广场 16 楼那个整天高度紧张的外汇炒手，而是一个心情愉快而又轻松的游客；第二个区别是，我不是来赌钱的职业赌徒，而是一个输赢都无所谓的赌客；第三个区别是，我和别的赌客不同，总是喜欢找一个人不多不少的台桌，先静静地站在一边看上半小时，觉得自己喜欢上了这一桌的人气，而且整个人是神清气定（进入交易状态），我才会坐在空出来的位置上。

此外，去了几次以后，我就有了一个成熟的策略（交易系统）：上手后的我不会过分在意自己手中的牌，而是盯着对方庄家发牌小姐的手和她已经摊在桌上的牌（跟着庄家走）。如果她的牌已经接近 20 点，我就坚持到底；如果我的牌可能接近 20 点，我也坚持到底——策略就是这么简单。后来我才明白，这就是赌概率。而我这样做时的心态与我在交易外汇时的心态是多么不同！我能够在葡京赌场几乎把把赢钱，靠的就是这种心态，在那里我的心态总是那么淡定，因为风险是可控的（只有 3000 澳门元的筹码），我还有别人没有的对赌策略，怎么能不赢呢?!

我没有向后来的客人解释过我总是赢钱的秘诀。过去的 20 多年里，我已没去过赌场，但我仍时常怀念葡京赌场，因为我在那里"参悟得道"。我称那种心态为"葡京心态"，每天早晨，当我在电脑前坐下来的时候，感觉到亲切而熟悉的"葡京心态"出现了，我就知道今天的交易十有八九是赢的。

人类是一个情绪化、高度同质化的群体；人一半是理性，一半是非理性。以交易为生的人和其他人相比，其承受的风险量级显然要大得多。人性对于亚原子的互相作用没有任何影响，但我们的恐惧、贪婪、狂热、从众、竞争和彼此依赖的本性以及文化传统、行为习惯等，却很大程度上决定了交易的成败。交易行为是最难以模型化的，所以，从经验出发，很多人都承认成功的交易 30％ 靠技能，70％ 靠成熟的心理素质。

后　　记

　　交易是一门工匠手艺，一种异常艰辛的高风险营生。一个风险偏好较高、意志顽强且十分自信的人才会选择它作为自己谋生的手段和毕生奋斗的事业。交易是"功夫在诗外"。决定这项事业是否成功的关键，不仅要看你的天赋，还有你的品质、人格及运气。

　　韩愈曾说，闻道有先后，术业有专攻。金融业博大精深，专业分工很细，技术性极强，金融市场的环境与时俱进，这一切都要求做交易的人首先要择一而终，刻苦钻研，持之以恒，精益求精，永不满足，"一个人、一辈子、一件事"，最后才能登堂入室，完成自己的夙愿。我见到过许多非常聪明的年轻人，但缺乏交易事业所需要的那种踏石留痕的韧性，过于浮躁，浅尝辄止，或自视甚高，目空一切，最终一败涂地。

　　外汇短线交易是所有交易中最难的一种，专业要求高，知识的系统性要求高，对人的心理素质尤其要求高。因此，要求交易人不能分心旁骛，要坚持"攻其一点不及其余"。要成功就要谦虚好学，毕生实践，"三人行必有我师"，具体在交易中，就是不做自己不熟悉的资产头寸，不用并不属于自己的交易策略和交易系统，不眼高手低，也不自甘暴弃；"弟子不必不如师""青出于蓝胜于蓝"；相信大道至简，践行大象无形。

　　交易创造了金融业与市场，没有交易金融市场就不复存在，因此交易是金融业的灵魂，是行业的核心竞争力，是能够持续而不被复制的盈利能力。"纸上得来终觉浅，绝知此事必躬行。"作为一种很难掌握的高端技能，交易者必须通过长期、甚至痛苦的市场磨炼方能掌握其精髓，这一定是个备受煎熬的过程。如果事先认识到交易失败或者说给市场交学费是每一个交易者必须经历的，赚钱和赔钱是交易的两面，你就不会太苛求自己。活着就要善待自己，人非圣贤，孰能无过。有前途的交易者和没前途的交易者之间的区别就在于，有前途的人每次赔钱之后会认真总结经验、教训，尽快让自己恢复平常心，然后再开始下一次交易。

你也不必过于迷信权威。也许你听过或见过的许多高手并不像你想象那么高不可攀，金玉其外，败絮其中；你要意识到，凡是"奇迹"都是人创造出来的，而你也是人，只要你也目标明确，持之以恒，以正确的方式发挥你的潜能，也能创造奇迹，成为之中的佼佼者。人的自信要存之于心，日积月累，默默无闻地蒸蒸日上才是最令人敬畏的"骄傲"。

交易是一项孤独的事业，甚至是一种孤独的生活。人来到这个世界上本来就注定是孤独的，因为你是那个不可重复的唯一，而做交易使你更显孤独。金融市场奉行丛林法则，不相信眼泪，只有愿赌服输的法则，不存在道德的任何空间。"存在就是选择""他人就是地狱"——这些存在主义的名言在交易中不再是书本上的理论，而成为赤裸裸的、血淋淋的现实。失败的你，还有可能被视为品行不端的赌徒，你的惨败也有可能只配成为人们饭后茶余的笑料。人性的卑劣往往体现在需要不断用他人的不幸来反衬自己拥有的幸福；没有人会从你的内心来获得你的真切感受，而你往往又把自己关在斗室里，盯着电脑，一门心思钻研自己的交易，时间一长，你会失去昔日的好友，甚至在最亲近的人眼里也显得有点自私……

即便如此，真正热爱交易的人还是会坚定拥抱交易的想法，因为最终的成功者会发现它不仅能实现自己对财务自由、人生独立的追求，而且会使人生因为孤独而更加深刻，活得更充实、更纯粹！